石井紀子聞書

道を拓く

――図書館員、編集者から教育の世界へ

松尾昇治
大井三代子　編

日外アソシエーツ

装 丁：赤田 麻衣子

石井紀子肖像　2004（平成16）年7月

石井紀子と両親　1949（昭和24）年5月

『道を拓く』刊行に寄せて

実践女子大学名誉教授
実践女子大学・短期大学元学長
飯塚幸子

石井紀子先生の『道を拓く』が出版されると聞いて心待ちにしていました。大学に出校時、ご一緒になるＪＲ横浜線の中で石井紀子先生にお目に掛かることを楽しみに、そして興味深くお話を伺ったことを思い出します。

学生達から「石井先生の研究室に伺ったら、パソコンから音楽が流れているんですよ！」と聞きました。パソコンから音が出ることは、その頃の学生にとっては大変な驚きだったのです。石井先生が実践女子短期大学に新設する図書館学課程の専任教授として就任された一九九四年頃は、コンピュータが普及する始まりでした。また携帯電話が出始めた頃で、石井先生はいち早くそれ等を活用されて授業の情報を伝えたり、ＣＤ－ＲＯＭの作成やホームページにシラバスを開示されることもされていました。若い学生達は、情報の発信や検索などの刺激的な新しい世界を実体験することができました。

今日では情報通信は急速に進展して驚くほどです。日常生活も携帯情報端末によってどこからでもネットワークが世界中に接続され、電子メールの利用はコミュニケーションの形も変えてきました。誰でもがインターネットによって自由に発信ができ、必要な情報を得られる環境を持てるようになりました。小学校では二〇二〇年からプログラミング教育の必修化が計画されています。今日の急速に進歩する世界では、石井先生がされたように新しい技術に対して恐れずに挑戦してゆく気概が必要です。

石井先生や私など昭和時代の女性は、学んだ知識を生かした仕事が十分にあるわけではなく、専門の職を求めることは困難でした。最近は女性の社会進出を望むと叫ばれていますが、まだ現実の社会の見えない壁に悩む女性が多い現状です。

石井先生は、初の辞書の編纂やインターネットを利用した情報検索などの新しいものにいち早く着目し、挑戦されて実績をあげてこられました。先生のご努力はもちろん、周りのサポートがあったとはいえ、社会に活躍する先駆的な女性としての道程は決して平坦ではなかったはずです。

本書『道を拓く』は、新しい世界に対して意欲をもって果敢に取り組んできた姿勢が描かれています。私は、この著作が未来に生きる女性たちにとって希望と勇気を与え、さらなる励ましになることを願っています。

二〇一七年八月

目次

第二章　編集者へ　―日外アソシエーツ時代

聞き手　大井三代子・森本浩介

第三章　教育の世界へ

聞き手　松尾昇治・大井三代子

第四章　かえりみて　―時代と共に生きて、自立の道を切り開く

聞き手　松尾昇治・大井三代子

聞書の日付

第一章　二〇一〇年五月六日
第二章　二〇一三年七月二三日
　　　　二〇一二年七月三〇日
　　　　二〇一三年九月三日
第三章　二〇一三年九月十八日
　　　　二〇一五年五月二九日
第四章　二〇一五年五月二九日

オーラルヒストリーについて　―序にかえて

松尾昇治

オーラルヒストリーとは、個人の過去の記憶を聞き取り、それを文字で表した聞書のことである。現在生きている個々の人から得ることの出来る歴史としての証言となるもので、文字史料として記録がなく、口伝や口述によってのみ事実が明らかになる場合もある。

書き言葉によって表現された文字資料と違い、日常使用される話し言葉で語られる口伝や口述は、聞き手あるいはその記録を読む者に生き生きとした歴史を伝える。聞き手や記録を読む者は、語り手の記憶の世界に共感し追体験をすることができる。ここにオーラルヒストリーの魅力がある。

我が国においては、古くから聞き取りを記録することによって記録を残そうとする動きがあった。口伝、物語、聞書、口述筆記といった「語り」「聞き取り」によって歴史や事象を後世に伝えようとするものはこれに近いものと言えよう。民俗学における伝承の採集もこうした作業の一つである。

史料に基づく歴史研究では、個人の記憶を語るオーラルヒストリーは文字史料よりも価値が低いとされてきたが、太平洋戦争後に政治や歴史の中心となる人々だけではなく一般大衆の歴史にも焦点を当て、文字化された史料の隙間に隠れていた出来事を発掘しようとする動きが生じた。特にわが国でも一九九〇年代以降、近現代史の研究者たちにオーラルヒストリーの方法が注目されるようになり、組織的な取り組みが行われるようになってきた。人類学、社会学、政治学の分野で口述資料の学術的価値が広まり、近年ではそれが拡大する傾向にある。

日本の図書館史の研究は、一九九〇年代半ばまで男性図書館員を中心とした図書館関係の二次文献に基づくものであった。こうした動きに変化が出てきたのは一九九〇年代後半以降からである。一九九八年三月に図書館史のオーラルヒストリーとして画期的な著作となった『「中小都市における公共図書館の運営」の成立とその時代』（オーラルヒストリー研究会編　日本図書館協会）が出版された。小林卓（実践女子大学図書館学課程准教授、二〇一五年逝去）は、オーラルヒストリー研究会に参加し、生き生きした歴史を語るオーラルヒストリーの魅力を実感した。

小林は、日本の図書館界では女性図書館員が多いのに、一九九八年に出版された『図書館を育てた人々　日本編Ⅰ』（日本図書館協会　一九八三・六）にとりあげられた十八人の図書館人は全員が男性であり、男性中心の史観であると考えた。日本社会では、男性が重要なポジションに就き責任ある活動を行っているのに対して、女性はその補佐をする者として位置づけられてきたことの一端を示すものであろう。

アメリカにおける女性図書館史の代表的著作である『文化の使徒―公共図書館・女性・アメリカ社会　一八七六―一九二〇年』が田口瑛子の翻訳で一九九六年に日本図書館協会から出版された。

それ以降も田口は『アメリカ図書館史に女性を書きこむ』（スザンヌ・ヒルデンブランド編著　京都大学図書館情報学研究会　二〇〇二・七）などを翻訳して紹介している。日本では宮崎真紀子が「女性図書館員の誕生―大正期に図書館員教習所で学んだ女性たちを中心として」（『図書館界』四七(六)一九九六・三　三四二―三四七頁）を発表、二〇〇八年には、豊後レイコ著、田口瑛子、深井耀子編『あるライブラリアンの記録―レファレンス・CIE・アメリカンセンター・司書講習』（シリーズ私と図書館1）が女性図書館職研究会から出版された。

小林はオーラルヒストリーの手法を用いて、実践女子大学、実践女子短期大学図書館学課程に関わった女性図書館人が歩んできた道を明らかにしたいと考えた。女性図書館人の歴史の発掘というだけではなく、日本女性史の観点からも意義あるものであり、学生や若い女性たちにエールを贈るものになるだろうと考えた。具体的には鬼頭當子（国際基督教大学図書館長、元実践女子大学・実践女子短期大学非常勤講師、元実践女子大学図書館員）、長倉美恵子（元実践女子大学教授）、石井紀子（元実践女子短期大学教授）をインタビューし、小林を中心に記録することになった。

鬼頭當子については、小林卓、金沢幾子（実践女子短期大学非常勤講師）、大井三代子（実践女子大学非常勤講師）がインタビューし、その記録を「戦後の図書館学教育と女性司書（一）―鬼頭當子と大学図書館―」と題して小林と大井が執筆し『実践女子短期大学紀要』第三四号（二〇一三・三　一二一―一四二頁）に掲載した。

長倉美恵子は、二〇一四年十一月に自身の記録をまとめた『留学・血筋』を刊行した。長倉は一九五六（昭和三四）年にアメリカの西ミシガン大学大学院図書館学科に留学した。当時の渡航の様子や留学生活を記し、図書館学科のシラバスなどを参考資料として収載していて興味深い。

本書の石井紀子については、石井が短期大学図書館学課程教授であったことから松尾昇治が図書館学課程の事業として当初から関わり、大井三代子氏と森本浩介氏（日外アソシエーツ）の協力を得ながらインタビューをして記録をとり、今回の出版に至った。

実践女子大学・短期大学図書館学課程開設の経緯

大井三代子

本書第三章「教育の世界」では、主に石井紀子が実践女子短期大学図書館学課程の教授に就任して、研究室の基礎を作り、学生に新しい情報の発信や検索などを教えたことなどを述べている。これに関連して、ここでは短期大学図書館学課程の設置に至るまでの経緯について記しておく。

まず初めに、実践女子大学に図書館学課程が設置された一九六七年頃に、一般的に社会が女子学生をどう見ていたのかを簡単に述べてみたい。

戦後民主主義が唱えられ男女平等と言われるようになったが、社会の風潮は女の幸福は結婚にある、女が学問をすると理屈が多く使えないと言われることが多くあった。大学で得た知識や教養は、良き結婚相手を得るため花嫁道具の一つと考えられていた。

大学に進学する女性が増えて、一九六五（昭和四〇）年前後には文学部などで男子学生よりも女子学生の比率が高くなった。一九六一（昭和三六）年に早稲田大学の暉峻康隆教授が「私立大学の文学部はすでに女子学生に占領されており、いまや花嫁学校と化している」と発言し、また慶應義塾大学教授の池田彌三郎の「大学女禍論」が発端となり、「女子大生亡国論」がマスメディアをとおして世に広まった。女子学生には卒業後の就職口が少なく、男女の賃金の格差はあり、就職しても与えられた仕事はお茶くみといわれるように、責任ある仕事を持ち長く働き続けることは困難であった。

当時実践女子大学図書館長であった三谷栄一教授は、司書の仕事は女性にとって適職だと考え、大学に図書館学講座の設置を推進した。現在保管されている記録によると、一九六七（昭和四二）年四月から翌年三月までの司書講習担当科目の単位認定についての伺いが一九六七年一月に文部省に提出され、同年二月に承認を得た。廿日出逸暁が図書館学講座の専任教員として就任することが決定され、主任教授には三谷栄一が任命されることになった。図書館学講座の開設と同時に博物館学講座も開設されることになり、三条西公正教授が主任教授となった。

講座が開設された初年度の昭和四二年度には左記の教員が講座を担当した。

本学教員　三谷栄一、山岸徳平、廿日出逸暁、菅野和俊
外部講師　中島俊教（文部省社会教育課専門員）、馬場明雄（日本大学教授）
図書館職員　永田清一（課長）、高橋ミキ子（逐次刊行物）、山口津ゆ（特殊資料）

また昭和四三年度には左記の教員が担当した。

本学教員　三谷栄一、山岸徳平、廿日出逸暁、小林さえ
外部講師　中島俊教（文部省社会教育課専門員）、馬場明雄（日本大学教授）
図書館職員　永田清一（課長）、高橋ミキ子（逐次刊行物）、山口津ゆ（特殊資料）、三浦敏幸（参考業務）

山岸徳平は『源氏物語』の研究で知られ、和漢古書籍に精通しており「書誌学」を担当した。三谷栄一は、山梨県立図書館長の経験があり、図書館養成所で司書資格を取得し、養成所で講師を務めていた。廿日出逸暁はライプチヒ大学附属図書館学校等を卒業後、御成婚記念千葉県図書館（現千葉県立中央図書館）の館長を務め、戦後は移動図書館を日本に広めたことでも知られており、図書館法の成立にも尽力した。菅野和俊教授は倫理学、小林さえ教授は心理学の教授である。

永田清一、高橋みき子、山口津ゆ（後に典子と改名）、三浦敏幸の四名は、図書館職員であるが短期大学非常勤講師として講座を担当した。日本ではアメリカと違って司書が専門職として認められていないことを残念に思った三谷は、教職は専門職として認知されているので、司書を専門職として確立するための方策として授業を担当させることを考え、図書館職員に図書館学講座を担当させたのであった。

図書館学講座が実際に開設される直前に、図書館長の三谷から永田清一、高橋みき子、山口津ゆの三名に、図書館学講座の教員として授業を担当することが教授会で承認、決定になったと伝えられた。高橋は当時を回想して、「三谷先生に、君たちは四月開講の図書館学講座を担当すると突然言われて驚きました。図書館で実際に業務をしていることを授業で担当するといわれても、授業でどう教えるか、手探りの状態で苦労しました。その頃はこれといったテキストはなかったのです。」と話している。後に永田は図書館から退き、図書館学講座の教授に就任し、高橋と山口は退職まで講師を務めた。

三谷は図書館の専門性を意識し、図書館職員は司書の有資格者でなければならないと主張した。

三谷が図書館長として在任中はいうまでもなく、実践女子大学図書館では図書館職員全員が司書である状態が長く続いた。また三谷は司書の専門性を高めるために、司書は研究者であるべきと職員や図書館学講座の受講生に説いた。

一九六五（昭和四〇）年に実践女子大学は日野キャンパスに日野教養部を設置した。図書館学講座が開設された時には大学一、二年生が在籍していた。今日と違って、日野は交通の便があまり良くなく、渋谷でないと教員を集めるのが難しいという考えがあり、資格取得のための講座は渋谷で開講することになった。

『昭和四五年度　履修要項』の「図書館学講座」によれば、「大学三、四年生及び短大一、二年生」が受講できるとし、二ケ年で履修するカリキュラムとなっていた。履修定員は昭和五九年度までは一〇〇名で、開設以来平成三年度までは「申し込み順」で受講の受付が行われた。受講希望者が多かったために平成九年度からは面接、志望理由を書いた作文の提出を参考に選別するようになった。受講生の多くは大学の国文学科の学生で、他学科の学生や短大の学生は少なかった。

パソコンが普及し、オンライン・サービスやインターネットによる情報入手ができるようになり、CD-ROMや電子ブックなどのデジタル資料が出現したことで、社会環境が大きく変化した。文部省は一九九六（平成八）年八月二八日に「図書館法施行規則」の一部を改正する省令を公示し、また司書および司書補の講習において履修すべき科目の単位の修得に相当する勤務経験および資格等を定める告示もなされた。これにより平成九年度から平成一〇年度までに、司書課程設置大学は新カリキュラムに移行することが確定した。

新カリキュラムの方針として「生涯学習論」「図書館経営論」を新設し、情報化社会に対応するために「情報サービス概説」「情報検索演習」を設置し情報関係科目の充実を図ること、「児童サービス論」を設置して充実を図ることが方針として盛り込まれた。一九六八（昭和四三）年三月に科目改訂が行われてから二八年ぶりの大きな改訂であった。

実践女子大学においては、図書館学課程再認定申請は平成九年度中に向けて「必修科目担当に二名の専任を置く」という条件をみたすために、新たに短大に一名の専任枠を設けることになった。すでに大学では専任教員が一名いたので、短大に一名の専任教員を新たに置き、この二名が大学と短大の図書館学課程講座を受け持つことで「専任教員二名」の条件をみたすというものであった。新たに採用される専任教員には将来を見越して情報処理関係に強い人材が求められ、一九九七（平成九）年一〇月に石井紀子が短大図書館学課程教授に就任することが承認された。石井は、初年度には短大六コマ、大学五コマを担当することになった。

石井紀子が二〇〇二年三月に退職し、四月に後任として石川亮が教授として就任、その五年後の二〇〇七年四月に松尾昇治が教授に就任、短期大学図書館学課程を引き継いだ。

実践女子短期大学は、二〇一四年四月より実践女子大学短期大学部に名称を変更し、日野から渋谷キャンパスに移転した。このため実践女子短期大学図書館学課程は、実践女子大学短期大学部図書館学課程と名称を変更し現在に至っている。また実践女子大学図書館学課程は、二〇〇二年三月に長倉美恵子が退職し、四月に塚原博が後任として就任した。大学も二〇一四年に文学部、人間社会学部が渋谷キャンパスに移転し、図書館学課程は、渋谷キャンパスで司書資格課程を、日野キャンパスで司書教諭資格を取得できるように変更した。

実践女子大学・短期大学部図書館学課程の教員、学生、卒業生、図書館関係者との情報交換や連携を深めることを目的に、JLS（Jissen Librarianship）の会を二〇〇九年に立ち上げ、講演会や「JLニュースレター」（第四号から「JLSニュースレター」）を発行している。今年二〇一七年、図書館学課程は設立五十年を迎え、さらなる発展のために一層の努力を行っている。

参考文献

倉島敬治・長倉美恵子・石井紀子著「新図書館学課程の実践的研究（一）新旧課程の比較・研究計画」『実践女子大学文学部紀要』第四一集　一九九九・三　八九−一〇二頁

倉島敬治［ほか］著「新図書館学課程の実践的研究—課程教育のアカウンタビリティー」『実践女子大学文学部紀要』第四六集　二〇〇四・三　九九−一五一頁

第一章　大学へ、そして女性図書館員

――東京都立日比谷図書館時代

聞き手　大井三代子

西洋史との出会い

大井　早稲田大学に入られて西洋史を専攻されたということですが、その辺のいきさつについてお伺いしたいと思います。

石井　私は一九五〇（昭和二五）年に早稲田に入りました。ちょうど朝鮮戦争勃発の年です。私たちの年代は、高等女学校出という選択肢と、それから一年延長して高校を出るという選択肢がありました。その高校を卒業した第一期生にあたるわけです。

高校時代には、学校以外に東大のサンデースクールという所に日曜日ごとに通っていました。そこでは学徒出陣で出征し帰ってこられた学生たちが、先生として教鞭をとっていました。生活の糧を得るということもありましたけれど、それ以上に、自分たちが戦時中にはできなかった、その知識というか、そういうものを若い人に教えたいという熱気がありました。このサンデースクールでサマセット・モームや宮沢賢治を読まされ、それから、第九のコーラスを歌わさせられたりもしました。西洋思想ではヘブライズムとかヘレニズムとか、知的好奇心をくすぐる、斬新というか、私たちにとっては渇望していた知識をふんだんに教えられたわけですね。

武蔵高等女学校は今の都立武蔵高校です。当時は都立十三高校でした。夏休みの時に縫田清二先生に社会思想史というものを教えていただきました。縫田先生は一橋大の学生として学徒出陣されました。その後キブツの研究家として有名になられましたね。ある人物について著作を読んでまとめなさいという論文の課題が出ました。この先生は、素晴らしく格好がいいうえに学徒出陣で帰っていらしたから、海軍のオーバーコートを着ていらした、すてきな先生でした。それはともかくとして、そういう課題が出ましたので、さて何にしようかと……。

あのころ、青木書店から『青木文庫』が出ていました。武蔵境の駅近くにあった中森書店が扱っていた本の中に、ニコライ・チェルヌィシェフスキーというロシアの革命家の本が翻訳されていたんですね。この中森書店というのは、ご主人も共産党系と言われていましたから、マルクスの『資本論』はじめ日本評論社の本とか、そういう関係筋の書籍を集め販売していたわけです。それを手に取ったことから、チェルヌィシェフスキーの著作について論文を書きました。それが契機で思想史というものに目が開かれたわけです。

大井　いい評価を得たわけですね。

石井　私としては、さらに西洋史というか、西洋の思想史に関心を持っていったわけです。

私の親戚は、元華族や高級官僚が多くいました。中国地方総監として原爆で殉職した伯父は勅選貴族院議員でしたし、父は検察官でしたし、親戚もみんな帝大出でした。そういう環境の中で育ったものですから、大学進学も早稲田大学のほか、母や姉がすすめる聖心女子大学という選択肢がありました。女学校の教員室を見ていたので、私は女の学校には絶対行きたくないと思っていました。それで早稲田も受けたのですね。ところが両方通っちゃった。その学費を納めに行かなきゃならない日が同日でしたので、さてどうしようと……。聖心は、貴族院議員であった伯父の妻（上原勇作の愛娘）、つまり伯母が非常に尽力をしてくれて、理事長とか偉い人にも紹介してくれましたので、それを断るのはとても大変なことだなと思っていたら、私のすぐ上の姉が「あんた、そんなに早稲田に行きたいんなら、その月謝を持って早稲田に納めれば」ということになったのです。学費を払って帰ってきたら、父からは「勘当ものだ、一切月謝は出さない」と言われました。今思い起こせば、奨学金をもらって卒業すればいいやと思ったんでしょうね、それで早稲田の西洋史を選んだわけですね。

大井　後に「思想の科学」に入られるわけですけど、その萌芽的なものがすでにその頃からあったのでしょうか。

石井　そうです。早稲田の西洋史に入り、アメリカ史の授業で初めてジョン・デューイという思想家を知ったわけです。

入学した一九五〇（昭和二五）年は、朝鮮戦争は始まるわ、早大事件は起こるわと大変な年でした。このね、朝鮮戦争が始まった時の怖さといったらなかったですよ。また戦争が来るのかと、私たちはほんとに身が震える思いでした。続いてレッドパージ反対闘争ですよ。ＧＨＱ民間情報局の顧問として来日していたウォルター・Ｃ・イールズというアメリカ人が、赤化防止（反共）の演説を日本全国の大学でやったわけです。それに対して、学生側はイールズ・ボイコットというスローガンを立て、レッドパージ反対闘争をやりました。だから大学に入ってもほとんど授業がない。当時、全学連が出来たりして、学生運動が一番純粋な頃だったと思うのですが、そういう中での大学生活でした。

不思議なことに、私は高校の時に三鷹事件に遭遇しているんですね。亀井さんというクラスメートのお父様が殉職したんです。その時、電車が不通になって、荻窪まで歩いて帰らなきゃいけなかった。電車がひっくり返っている所も見ました。われわれの世代というのは、戦後のいろんな事件に意識するしないにかかわらず、遭遇していることが多いんですよ。太宰治の自殺もそうです、武蔵高校の近くでしたしね。

だから、ずっと戦後史の大きな流れを生きてきたという感じがあります。ちょっと横道にそれましたが、とにかく連日、授業をボイコットしていました。先生たちの研究室に、試験のボイコットやその理由について説得して歩きました。日本文学史家の稲垣達郎先生のご自宅にも行きました。あの頃の早稲田の文学部は、そうそうたる教授陣でしたからね。哲学では仁戸田六三郎先生、英文学では谷崎精二先生、国文学では暉峻康隆先生などがいました。

それで、早稲田の西洋史というのは、西洋史というより、どちらかというとエジプト学が盛んでした。定金右源二先生（学位論文「古代東方史の再建」）という非常に変わった先生がいまして、一派をなしていたわけですね。私はフランス史の十河信二先生に師事し、卒論はジャン＝ジャック・ルソーを選びました。ルソーの革命的な面というよりは、ロマンティックな面を論究しました。これはヨハン・ホイジンガの『中世の秋』を読んで、歴史にもこういうロマンティックな視点があるんだというヒントを元に書いたものです。

アメリカ史―ジョン・デューイとの出会い

石井　片一方でアメリカ史もやりましたね。その中でジョン・デューイを知りました。たまたまアメリカ史との関係で、デューイのことを調べていました。私の親友が安田武さんという評論家の妹さんだったんですが、彼女がジョン・デューイのことを詳しく知っていたということもありましたね。その頃、東大の駒場に教養学部というのがあり、そこは外交官希望者が入ったのですが、元共同通信社の中島先生がアメリカ史を教えていました。早稲田と合同で研究大会をやることになり、私がデューイについて話すことになったわけです。そしていろいろ調べているうちに、鶴見和子さんが書いた『デューイ・こらいどすこおぷ』（未來社）に出会ったわけですね。思想の科学から出されたアメリカ史研究も知りました。それで駒場に出掛けて行きましたら、そのチューターをやっていたのが後に国連の事務次長になる明石康さんです。

大井　そうだったんですか。

石井　あの頃はいろんな人との出会いを、知らないうちにやっていたんですね。その人たちが戦後を担っていった時代なんですね。とくに女性の大学への進学率もそんなに高くない時代でした。思想の科学研究会を通して鶴見和子さん、武田清子さん、そして鶴見俊輔さんや思想の科学の人達を知りました。それが接点です。

大井　その頃に、ご自分がスピーチするためにデューイを調べたということも、今から見れば思想の科学へ至る糸を手繰っていたような印象がありますね。

石井　そうですね。デューイの中で、私が一番感激したのは「コモン・センス」という言葉です。みんながこれを身につけているということが、どんなに大事なことか。コモン・センスというのは、言い換えれば「普通の人の哲学」ということですよね。そのコモン・センスというのに非常に感銘を受けました。

大井　まさに多感な青春時代に、あらゆる刺激を受け続けて過ごしたという感じがしますね。

戦争―疎開と終戦

石井　あの頃は、他に娯楽がないですからね。そして勉強するということについて、これだけ門戸が開けたということは、女性にとっては大変なことなんですよ。

私は、一人で疎開をした時も、家族は死んでも自分だけ生き残ろうと思ったわけです。封建的な、窮屈な家庭から家出をしたんですよ。単身見ず知らずの米沢に行って、そこで、自分でいろんなことをせざるを得なかったわけです。それまではお手伝いさんもいたし、姉が二人いましたから、すべてやってもらえました。そういう環境の中から、今度はすべて自分でやらなきゃならないというふうになりました。自立ということがどんなに大事かと身にしみました。そして、戦後の新円切替やアンシャン・レジームのような制度が変わることによって、周りの上流階級が崩れていきました。父もそんなに威張らなくなった。つまり、これからは前の世代に頼っては駄目なんだ、何かを身につけて自立していくことが、生きていくために必要な力だと早々と意識したわけです。

大井　ああ、分かります。私もちょうど昭和三〇年代にそういう感覚を持っていましたから。私は中学の後半から司書の資格を取りたいと思っていたんです。自分でご飯を食べていくにはどうしたらいいか、自分一人で生きるためにはどうしたらいいか、ということを否応なしに考えざるを得なかった。それこそ今おっしゃられたような時代の、最後のしっぽのような人間だと思うんですね。そういう考え方は、私の世代ぐらいまで続いていたと思うんです。

石井　そうですね。もう一つ、情報ということについて考えた。後で知ったことですが、歴史学の中に「残像」という言葉があるんですよ。これは当時、国立歴史博物館の副館長をしておられた安田常雄さんが言った言葉なんですが、「民衆の中の、歴史の記憶というのは残像だ」というのですよね。

その一つとして、私は米沢に疎開して九月には戻ったのですが、なんとね、私の家から歩いてたった五分もかからない所にある杉並区西田町の、私の出身校である西田小学校が丸焼けになっていたんですね。学校の前の農家二軒も丸焼けになっていました。そこに焼けた木の跡が残っていた。それがはっきりと視覚の中に焼き付いているんですね。しかも学校と農家しか焼けていないんです。これは何なのと思った。その西田小学校は陸軍の兵舎になっていたのですよ。荻外荘《てきがいそう》から学校まで行くのに、他に一～二ヶ所爆弾が落とされたようでしたが、ほぼ的確にそこに命中させたのですよ。もしも無差別に落としたなら下町のように一帯が焼けたでしょうね。しかし、そこだけしか焼けてないんですよ。これは何なのだ？　まさに情報力ですよね。日本は情報力で負けたのですよ、国民は嘘の情報を流し続けられ、騙されていました。だけど、荻窪の小学校が兵舎に使われているという情報が、どうやってアメリカ側に伝わっていったのか不思議ですよね。

大井　一部では暗号が全部解読されていたと言われていますね。だから重点爆撃もできたと。

石井　それとね、やはりスパイ活動というのが徹底していたと思いますよ。これは小田実氏から、東京大空襲や日本の空襲について調べるなら「ニューヨーク・タイムズ」だと教えてもらいました。それで日比谷図書館が新しくなって、新聞雑誌室でも貸出しを行う時に「ニューヨーク・タイムズ」

を入れてほしいと、特にインデックスを入れるように頼みました。

まあ、話が交互しましたが、そのことは伏線のようにつながっていますね、それがね、一つの形として表れるのはまだ先のことですけれどね。

時事通信社入社

石井　大学は一九五四（昭和二九）年に卒業しました。すごい就職難でしたね。うちの伯母の力は大したものでした。内務省の系列というのはすごい力があるのよ。伯父は内務省の警保局長もやりましたので、いわゆる官僚中の官僚です。中国地方総監として広島に赴任していましたが、終戦の年、原爆で殉職しました。中国地方総監というのは知事の上でしたから、その伯父が育てた弟子たちが、例えば東京都の教育長とかに出世していたわけです。伯母がよっしゃと言って、就職口を頼んでくれたんです。そして突然ね、目黒区の中学校に決めるからね、とか言われてしまいました。かたや私は、放送関係や新聞社を受けていました。
でも、その頃私は自分のキャリア計画なんか持っていないですよ。とにかく受けるだけ受けてみよう、と思っていました。そしたらね、日本経済新聞社と時事通信社に引っ掛かっちゃったんです。日経は家庭面の記事を書く女性記者を求めていたのね、ここの試験たら面白いのよ。

大井　どういう試験なのですか。

石井　きょうの何時何分にどこそこで電車が転覆した、という状況が説明されて、これを記事にまとめよとかね。すごく面白かったですね。その筆記試験は通ったのですけど、面接になって、あなたはお裁縫ができますか、洋裁はできますかと問われて、私は全くできないからできませんと言ったら、落っこちちゃったわけです。藤原さんという人が採用になりました。後に有名な婦人記者になるのだけどね。当時は彼女も嘱託でしか雇われていない状況でしたね。

時事通信社には、なんで入ったのかよく分からないんです。試験は東大の大講堂でした。英語のヒアリングがあって、英語は駄目だったから何も聞き取れないのよ。そんな次第にもかかわらず、よく分からないまま女一人残ったんです。

大井　そうですか。でも時事通信も何人か採用したんですよね。覚えてらっしゃいますか。

石井　いや、ちょっと数は覚えてないけど三〇名位だったかな。女性はたった一人。ガヤガヤ集まった時に、男性が二〇～三〇人いたような気がします。女は私一人だからね。それで出版局に回されたんですよ。

大井　書籍部というのはいわゆる出版部のことですか。

石井　そうです。出版局は神田神保町にあった。本社は市政会館の中にあり、隣は共同通信社でしたね。それでまたまた、中学の教師を断ってもらったわけです。人生というのは選択肢です。何を選んでいくかによって、その人の一生が決まっていくわけですね。もしあの時、私が中学の教師を選んでいたら、違う道を歩んでいたでしょうね。いい教師になったかどうかは分からないわね。

大井　時事通信社で出版関係の仕事に就かれたわけですが、私たちの世代では、女性が出版社や新聞社に入っても、仕事はお茶くみとコピーと言われていました。先生の場合はどうだったのでしょうか。

石井　お茶くみは当然やったわよ。掃除もやりましたよ。私が時事通信社へ就職することになったら、あんたお嫁に行く先はないわよとか、世話はできないわよとか、囲りからも言われました。そういう時代ですよ、女が職業を持って働き続けるなんて。長倉美恵子先生が職業婦人というのは死語になったと言ったけれど、職業なんて持ったら最後、女はね、お嫁にも行けないしあきらめなさいと。

大井　私の時でも言われましたよ。

石井　でも、とにかく私は自分が食っていくというかね。財産も相手もね、何も信じられないのですよ。自分一人で生きていくには自立しかないと。これには経済的自立と思想的自立の二つがあるわけですよね。

時事通信に入ったのですが、最初は原のぶ子先生の『家庭の服飾』を増補改訂するに当たってその一部分を担当させられたり、それから心臓外科医の榊原仟《しげる》先生に記事をお願いに行ったり、使い走りでした。

時事通信社というのは、長谷川才次氏が社長でしたので、アメリカの占領政策に協力していました。いわゆる占領政策にうってつけの本を翻訳させられるわけです。『東京旋風』という本が大ベストセラーになった。それで、私はこんなことやっていていいのかなと疑問に思った。何というのかな、積み重ねのない仕事に思えたんですよ。それともう一つ、やはり女は専門職、いわゆるプロフェッショナルにならない限り駄目だなと考えたわけです。

それで、『時事年鑑』をやっている先輩に女性の方がいらしたので相談したら、「じゃあ、本社に行く?」って。「だけど本社に行っても取材記者だから、芸能人の家の前で何時間も立ちんぼうするようになるよ」、それに応えられますかって言われたのね。それならば単行本や年鑑の編集の方がまだましかなと思ったわけです。

もう一人、東大のサンデースクールで知り合った、お茶の水女子大出の福岡多恵子さんという方がいるのですが、この方は平凡社で、『世界の子ども』シリーズという編集をやっていたんですね。その本は全十五巻のシリーズで、フランス植民地の子供たちの作文を集めた「西アジア・アフリカ篇」等がありました。その翻訳のアルバイトなんかもやっていたんですが、シリーズが終わると続いて『日本風土記』とかね、いろんな形でデータが積み上がっていくわけね。同じ編集でも、きわもの的な編集じゃなくて、そういう仕事もあるんだということを知りました。

また女性の専門職として、兄弟の中に父の後を継ぐ子供は誰もいなかったので、法曹界に行こうかとも考えたわけです。歩いてものの五分もしない所に中央大学があったので聞きに行きました。司法試験を受けるにはどうしたらいいですかと言ったら、大学一年から入り直して、勉強会に所属して猛勉強しない限りは絶対駄目だと言われた。父は亡くなっているし、母も仕事を持っていますしね、姉も働いている。これは困ったなと思っていたら、早稲田で同級生だった友人に新宿の紀伊國屋書店でばったり出会った。

司書講座と転向研究会、そして時事通信社退職

石井　彼女は後に草鹿外吉さんというロシア文学者の夫人になる方ですが、今何やっているのと聞いたら、東洋大学の司書講座に通っていると言うのよ。ライブラリアンって道もあるんだ。これならば一年働いて、お金を貯めて私も行けるかもしれない、というふうに考えたわけです。

実は時事通信社には一九五四（昭和二九）年の三月から働いて、昭和三〇年の三月までの一年いたんですが、昭和二九年の五月に思想の科学研究会が『講談社版　思想の科学』を出したんです。これは大衆路線版でしたが、その雑誌を手に取ったわけね。そこでデューイの「コモン・センス」が蘇ったんです。こういう哲学のあり様もあるんだということを知りました。いろいろ進路を考え

あぐねていたら、九月に「『転向研究会』を作りますので興味のある方は来てください」というお知らせが載っていました。それで、私はもちろん入会すると同時に東京工大で鶴見俊輔さんがやっていらした転向研究会に参加しました。

もちろん専門職としての司書という道は眼前にありました。アメリカの公共図書館がどういうふうにして出来たのかを調べると、公共図書館は学校制度がきちんと確立しない前の、庶民のための学校でした。民衆の大学という役割だと知りました。それは、私にとってコモン・センスと結び付くわけです。そういうことで大学への学士入学を決めました。会社からは女性職としてたった一人入社することが出来たのに、なぜに門戸を閉ざすのか、もう早稲田の女性は採らないことになるぞと言われました。これが慶應大学に学士入学したいきさつです。しかし今考えてみたらね、やはりあの時にどんなことをしてでも、司法の道を選ぶべきだったと思っています。自分には向いていたんだろうなと思う。鬼検事になっていたと思うよ。

大井　人生の分かれ道、まさに人生の選択肢だったわけですね。

石井　結局、若い時はいろんな可能性があるけど、それを一つ一つ潰していくことが人生の階段を上がっていくということなんですね。

慶應義塾大学文学部図書館学科

大井　時事通信社を辞められて、慶應で図書館学を受講するわけでしょう。
石井　いわゆるライブラリースクールに学士入学したわけです。
大井　慶應の図書館学科に、入学された時は何年目だったんでしょうか。
石井　五期生、一九五七（昭和三二）年四月入学です。
大井　その頃、文部省図書館職員養成所というのは……。
石井　ありました。
大井　確か一九四九（昭和二四）年に出来たんじゃなかったでしょうか。
石井　いや戦前からあります。小河内芳子さんなんかは戦前の養成所の卒業生です。
大井　三谷栄一先生は、終戦後に養成所に通ったとおっしゃられていました。山梨県立図書館長の時代に受けているんですよ。
石井　なるほど。
大井　その時に、廿日出逸暁先生と同じクラスで、彼が級長で僕が副級長だったとおっしゃってい
ました。まだ物資のない時代で、アメリカの女性ライブラリアンに授業する時は寒いからストーブを焚かされたともおっしゃってました。なぜストーブを焚くかというと、図書館というのは環境が

とても大事なんだ、環境を作ることをまず考えろ、と言われたという話を聞きました。

すでに養成所があったのに、慶應はなぜ図書館学科を新設したのでしょうか。

石井　これは有名な話ですが、アメリカ教育使節団が来日して、日本の大学に図書館学科を設立するためにいろいろ調査しました。東大、京大、立命館、慶應大と視察して、結局、慶應に決めたのは「人の上に人をつくらず、人の下に人をつくらず」という福澤諭吉の信念が、アメリカの使節団にとって選定の大きなポイントになった。それともう一つは、占領軍が引き揚げても教育を持続してやっていけるかという点ですね。それで慶應に決まったわけです。

一九五一（昭和二六）年に来日し、その中心人物であったロバート・L・ギトラー先生は、アメリカでのキャリアを棒に振って、日本のためにライブラ

ギトラー先生を囲んで（右端　石井紀子）

リアンを養成することに尽力されました。私が講義を受けた頃の教授陣は、例えば学校図書館ではジョージァ・シーロフ先生、メーベル・ターナー先生とかですね、レファレンスではジョージ・S・ボン先生です。もう名だたる方が来ていましたね。ギトラー先生は「ライブラリアンシップ」という根本理念を徹底して教えてくださった。素晴らしかったのは、アメリカに行かなくても留学したようなものです。まさに内地留学なんですよ。

すべて授業は通訳が付いて英語です。また、私たちが書いた宿題は、すべて翻訳されて提出されましたね。そして、席はアルファベティカルに並び、小学校みたいに机に名札が貼ってあります。クラスは三〇人位で、女性が一〇人位いました。女性もほとんど四年制大学を出た人が多かったですね。例えば長倉先生が東北大を出てらっしゃるように、津田塾からは二人いました。他の大学を出てから学士入学した人が多かったですね。占領下

1955（昭和30）年7月　栗田ブックセンター見学（後列左から2番目　石井紀子）

の沖縄から派遣され留学して来ていらした大城さんとか、他にも小学校の先生をしていらした方とか職歴のある方が多くて、下からストレートに上がった人は非常に少なかったですね。

大井　ギトラーさんは、ライブラリアンシップを強調された授業をなさったと聞いています。石井先生が、国際大会では発表者がライブラリアンシップに沿ってこれこれしかじかの活動をしたという内容のスピーチがあったことを話してくださいました。ライブラリアンシップに対する考え方は変わらずに生きているのでしょうか。

石井　そうですね。

大井　それは根本的な理念と言ってよろしいでしょうか。

石井　はい、そうです。だから、東京都の十四万冊の資料廃棄問題にしても、私は「ライブラリアンシップを捨てるな」と言いたいですね。ライブラリアンシップというものを本当にたたき込まれましたね。この言葉を、日本に大きな足跡として残したのは、ギトラー先生でしょう。

大井　これからの後輩のためにも、ぜひ伝えたい部分だと思うのですが、ギトラー先生が信念をもって伝えたことというのは、具体的にはどんな内容だったんでしょうか。普段なにげなくライブラリアンシップと言っているけれども、現場ではとても浅い感じがするんです。

石井　しいて言えば「図書館魂とか図書館野郎」て意味じゃないかしら。

大井　もっと簡単に言えば。

石井　プロフェッショナルとして事に徹するということです。

《ライブラリースクールの講義》

石井　あの頃ね、そのアメリカの教授陣はレファレンスがボン先生、児童関係はターナー先生。日本人は裏田武夫先生、書誌学を教えて下さったのが石田幹之介先生でした。

大井　石田先生の書誌学はどんな授業だったんですか。

石井　あまり記憶がない、はっきりした印象はないのよ。

大井　私は山岸徳平先生でした。かなり強烈な授業でした。ご自分の「山岸文庫」からいろんな資料を持ってきて見せて下さるのですが、その解説が難しくて、ついていくのが大変でした。

石井　石田先生はお着物姿で現れて、風呂敷包みをいつも持っていらしたけどね。あんまり記憶がないのね。私が書誌学に興味なかったせいかもしれないな。

大井　その頃は視聴覚資料というのはありましたか。

石井　ありましたよ。浜田敏郎先生、室伏武先生の二人がコンビで授業していました。われわれ五期生はかなり意地悪い生徒が多かったから、よくお二人をつるし上げたりしていました。同期には野村総研から東大の学術情報センターへ行った井上如さん、専門図書館で知られた河島正光さん（神奈川県立図書館から機械振興会、産能大の先生）、アメリカ文化センターの稲川薫さん、長倉美恵子さんや松村多美子さん達がいます。

大井　今だと情報学と括られるのでしょうが、私の時代の視聴覚というのはそれこそフイルムでした。まだそういう時代です。

石井　そうよ。アバコ（AVACO）が有名でしたね。資格を取ったりしました。

大井　他に印象に残っている授業はありますか。

石井　やはり児童図書館ね。毎日一定の冊数を読まされ、そのアブストラクトをカードで全部出すのね。それからレファレンスも宿題がすごかったです。とにかくアメリカ式だから宿題が山ほど出ました。

大井　レファレンスの宿題は、私の時もすごかったですね。児童図書というのは実践にはなかったです。また特殊資料の特論というのがあって、文書《もんじょ》の読み方があり、すべて書誌学に連動していくという形でした。

石井　あと目録ね、中村初雄先生が国会図書館から教えに来ておられました。ドイツの目録法でね、ちんぷんかんぷんでした。慶應は目録を書いたりするのが弱いのかしら。

大井　ドイツの目録だったのですか。日本の図書館学はアメリカから輸入したというイメージが強いですよね。カタログも分類も、すべてアメリカ的な図書館学と思っていたのですが、ドイツって珍しくないですか。

石井　珍しいですよ。

大井　目録も分類も合理的ですよね。

石井　そう。だからＮＣＲやＮＤＣをきちんと教えていなかった。むしろレファレンスや児童図書とかサービス関係が中心です。ライブラリアンシップにもとづく図書館概論等の科目は、きちんと教えられました。

大井　私が学んだ図書館学では、廿日出先生に図書館司書を目指すのであれば、外国語は最低三ヶ国語と言われました。慶應にはそんな条件はなかったですか。

石井　あまり言われなかったな。

大井　鬼頭當子先生は中国語を第二外国語にして、ＩＣＵの試験を受けられたと聞いています。もしかしたら、英語以外の第二外国語ぐらいは当然出来るだろうというのが前提になってたんでしょうか。

石井　それはもう学士入学した方が多いしね。

大井　フランス語はかなりやられましたか。

石井　早稲田の頃、一生懸命やりました。お金をつぎ込みましたね。慶應に入ってからはヴァレリーの時事論や評論の原典を個人教授で読みました。

大井　確か以前伺ったお話ですが、電車の中で原書を読んでいるのがいたと、ある先生に言われたとか。

石井　そう、それは裏田先生に言われました。電車の中でも読んでいましたからね。

　他にはね、図書館実習というのが必修であるのね。生徒の希望なんか無視して、ギトラー先生がここと思う所に研修を振り向けるわけです。私は国会図書館の海外資料の交換部署に振り向けられました。そこへ行ってびっくりしたのは「反対！」とか言って、朝から何か演説している人がいるのね。その方が森崎震二さんだった。

大井　何を反対していたのですか。

石井　なにか図書館の政策についての反対らしかったです。私はそんな所へ振り向けられるとは思っていなかったから、びっくり仰天したんです。河島正光さんは神奈川県立図書館に振り向けられた。

大井　私は先生と同時代の人たちから影響を受けることが多くありました。それこそ目が開かれるようなことが多々記憶にあります。戦後に早稲田に行かれた中村悦子さんが、戦時中に実践の授業で教員がこっそりと「これは大きい声で言えないけれど、歴史の真実はこうなんだよ」と話されことが、早稲田では大きな声で語られている、そのことにすごい衝撃を受けたと、私に話してくださったことがあります。戦前戦後という、大きく転換した世界を体感なさった世代じゃないかという印象がありますね。

石井　女性にとって、敗戦というのは大きな贈り物だったんですよ。

大井　大きいですね。

石井　うちの息子はね、あの戦争に勝っていればと言いますが、私はとんでもないっていう感じですよ。日本にとっては不幸なことだったかもしれませんが、女性にとっては不幸ではなかったわね。それでなければ、国全体が玉砕した。お馬鹿な軍人のためにね。

大井　慶應での二年間、図書館学以外の講義はどんな具合でしたか。

石井　他の科目も聴講しました。一番素晴らしかったのは井筒俊彦先生の言語学です。

大井　井筒先生は言語学を教えてらっしゃったんですか。

石井　そこで初めて人間の脳とその伝達機能というのを学びました。すごかったね。中国では「死」という文字が幾つもあるとかね。この字体はこういう意味で階級を表しているんだとか、目からうろこの講義でした。

大井　井筒先生というとイスラム研究。そちらのほうがすぐ頭に浮かぶのですが。

石井　そう、イスラムが専門ですが、語学の天才でしょう。

《戦後の図書館》

大井　終戦後の日本って、それほど図書館はなかったですよね。

石井　そうですね。

大井　全国的にもそんなに普及してないし、移動図書館「ひまわり号」から始まった日野市立図書館の中央図書館が開館したのは一九七三（昭和四八）年です。ずっと後のことです。戦後、国立国会図書館は一九四八（昭和二三）年に開館していましたが、パブリックな図書館の土台が出来たのはいつ頃になるんでしょうか。

石井　私の図書館経験というか、サプライズの一つは国立国会図書館です。赤坂離宮にありました。私は卒論を書くためにそこに通いました。庶民が足を踏み入れることの出来なかった場所が開放されたわけですよ。大理石の階段に赤い絨毯が敷いてあり、そこを登っていきました。それぞれのお部屋の入り口には、夏に付ける竹の網戸のような扉がありました。中に入ると本が壁面全体に並んで、それこそが民衆のために明け渡されたという感じでした。トイレは地下二階で、地下深くまで潜って行くような所にありました。途中には、そこで寝てもいいような広いスペースがあったりしました。それともう一つ特長的だったのは、大理石の階段の裏側左手に貸出文庫がありました。私はそこからホイジンガの『中世の秋』や『ホモルーデンス』などの専門書を借りたんですよ。あの頃は早稲田大学図書館でも館外貸出はしていませんでしたからね。

大井　館外貸出は慶應もしていなかったのですか。

石井　図書館学の資料室だけは貸出していました。その頃の図書館では館外貸出、持ち出しはできないですよ。

大井　よく廿日出先生が「昔は鎖が付いていました」と笑っていらっしゃいました。

石井　そうですよ。

大井　別な言い方をすれば、本はとても大切なもの。だから、安易に扱わないでくれという気持ちもあったと思うし、もちろん財産としての意味も大きかったと思います。

石井　あの頃、国会図書館は貸出したんです。大変お世話になりました。それで卒論を書いたのですからね。

大井　それはすごいですね。

石井　それから、大倉山に国会図書館の分館があったのね。そこは洋書を収集していました。私はフランス語の洋書を読む必要があったので、よく大倉山の図書館を利用しました。ここは貸出はやってなかったですね。でも、洋書が充実していて、私が読みたいフランス十八世紀の社会思想史とか社会経済史とかがありました。

もう一つは、何と言ってもＣＩＥの図書館。有楽町の日東紅茶のところにあった。赤々と灯がともり、暖炉が燃えてあったかそうでした。そこに入った時、これが図書館なのと正直驚きました。そのことは実践の図書館報に「図書館　今昔―私の図書館体験から」という記事を書きました。ここは貸出自由でした。国立国会図書館とＣＩＥ図書館、この二つが私の図書館の原点です。今でも

図書館 今昔（こんじゃく）

－私の図書館体験から－

短大 図書館学課程 教授 石 井 紀 子

思えば、私の図書館体験も約半世紀にわたっている。その間、利用者であったりサービス側であったりと立場は変わりはしたが、この50年はまさに近代図書館の誕生から高度情報社会のなかでの情報拠点への歴史であったと言える。とくに1980年代以降、OA化の波を受け図書館のシンボルであったカード目録が消滅する等の変化を余儀なくされ、さらにここ近3年はインターネットの急激な普及により、一館の壁をこえネット上世界中の図書館の蔵書を検索できるグローバルな「知的空間」が出現するなど変革いちじるしいものがある。そこでこの機会に、私の図書館体験を振り返ってみよう。

私の図書館体験の原点は、1945年11月、あたり一面空襲の爪跡が残る有楽町の日東紅茶ビル内に開設されたCIE(民間情報教育局)図書館であった。占領軍の文化政策の一環とはいえ、終戦からわずか3ケ月後のことだった。窓ごしにアカアカと燃えるストーブの火や棚一面にきれいな洋雑誌が見え、中に入ると洋書が手にとれるし貸出も自由、親切なライブラリアンの案内-餓えと寒さに震える身にとっては、“夢の国”であったが、これがわが国の近代図書館のモデルとなった。今でも脳裏に鮮やかに残るあの光りが、私を図書館の世界へ誘ったと言っても良い。

1949年高校生であった私が利用したのは、九段坂下にあった堅牢な洋館の大橋図書館であった。1902(明治35)年、博文館社主の大橋佐平により私立図書館第1号として開設され、関東大震災後もいち早く再建、終戦時には蔵書20万冊を誇っていた。出納係の職員の側に貸出用の本が並んだ一郭があり、金網ごしに見える本の背を押して貸し出ししてもらう、いわゆる「パチンコ式開架(半開架)方式」を体験した。

1950年大学入学、その年に「図書館法」が成立し、今日につながる公共図書館サービスの基本方針が打ちだされ、これを出発点として貸出や自動車文庫など、人々の生活に身近なサービスが実施されていく。一方、大学図書館は参考図書室は設けられたものの閲覧は旧態依然の出納式であり、開架式になるのは1960年代以降である。

1948年には国立国会図書館が当時の赤坂離宮(現迎賓館)に開設されたが、私が利用したのは満20歳をむかえた大学3年生になってからである。この開設にあたっては、米国議会図書館の専門家などの助言のほか、戦時中言論弾圧で獄中につながれた羽仁五郎、中井正一等思想家が加わっており、その結果「国立国会図書館法」の前文に、「真理がわれらを自由にするという確信に立って、憲法の誓約する日本の民主化と世界平和とに寄与すること」を使命とするとうたわれている。大理石の階段に敷きつめられた赤じゅうたん、豪華なシャンデリアのもと一段一段昇って2階の開架室へたどりつく。それまで大衆が立ち入ることを赦されなかった建物が“解放された”という実感と感激を忘れることはできない。考えてみると、結局私が司書の途へ進み、公立図書館を選んだのは、CIE図書館と国立図書館との出会いがあったからだ。

1957年から16年間、新装なった近代的図書館としての日比谷図書館で伊豆諸島を含む都内全域への直接サービスなどを担当し、続いて7年がかりの有栖川図書館建設の企画・立案を手がけ、一生の間に二つの図書館の開館を経験した。その後20年間は現場を離れ、民間企業で書誌・索引、データベース編集など図書館のためのツールづくりに専念、ようやくこれらが現場で活用されている。

そして、今図書館は2002年に開館予定の国立国会図書館関西館がめざす電子図書館時代を向えようとしている。いつでも、どこからでも、欲する資料をネット上見られる非来館型の図書館-“library with-out walls”(壁のない図書館)が出現した時、図書館サービスはどの様な変貌をとげるのであろうか。

「LibraryMate」(実践女子大学図書館報　第26号　(2001.7))

暗い闇の中に赤々と光っていたＣＩＥ図書館の、あの明るいイメージが残像として記憶の中に残っています。

もう一つ印象的なのは高校時代によく利用したのは大橋図書館。

大井　博文館ですか。

石井　そうです、博文館。

石井　九段坂下にありました。面白いのよ。パチンコ式といってね、棚の奥に網戸が張ってあって、ずらーと本が並んでいるの。借りたい本の背を、これと言って押すわけです。出納式よりよっぽどいいですね、読みたい本の背を押すだけだからね。

大井　中から、これねって出してくれる感じですか。

石井　そう。パチンコ式ですね。

大井　それはちょっと面白いですね。

石井　こうした利用体験がなければ、やはり図書館とは結び付かなかったかもしれない。

《福澤諭吉事件》

石井　慶應に入ったその年の春、福澤諭吉事件が起きたんです。

大井　それは何ですか。

石井　同じクラスメートだった堀君という男子学生が、赤門（旧図書館を下りた所にある門）の右側にある床屋で事件を起こしたのです。その事件というのはね、床屋の壁に福澤諭吉先生の肖像が飾ってあって、その床屋の椅子に座って見上げながら「うーん、福澤諭吉は小沢栄に似ている」って言ったのよ。たまたま隣に福澤諭吉狂の教授がいた。それでもう、先生を侮辱したと大問題にして、結局退学処分です。

大井　えっ。

石井　そう退学です。私たち図書館学科の生徒は反対運動したんだけどね、駄目だった。そういう時代でもあったんです。

大井　やはり神様だったんですか。

石井　そう。そういう事件も起きたのよねえ。

大井　慶應って、とてもリベラルなイメージですが。

石井　こと福澤諭吉先生に関しては駄目よ。

大井　別なんですか。明治から続く時代がまだあったんですね、象徴的ですね。

石井　そうだと思いますね。たったそれだけのことで、福澤諭吉先生を侮辱したというので退学処分ですよ。

大井　今でも福澤諭吉先生命と思ってらっしゃる方は多いですものね。

《図書館の科学サークル》

石井　もう一つ忘れてならないことは、堀君の事件をきっかけに一年先輩の緒方良彦さん（後に外務省での情報検索の草分け。朝日新聞データベースの構築など）が中心になり、「図書館の科学サークル」を結成しました。命名は私です。「思想の科学」から思いつきました。裏田武夫先生のもとで文部省の助成金をとり、小田原市立図書館をテーマに、その地域の住民、主に小学校の父母を通してアンケート調査をもとに意識調査をまとめました。大量の回答の集計に、鎌倉のお寺に泊りこみ合宿をやりました。仲間は緒方良彦さん、緒方弘子さん、井上如さん、金中利和さん、河島正光さん、福井準さん、早く亡くなった根本桂子さん、石井の八人のサムライ。強いつながりがありました。

1962（昭和37）年9月　緒方良彦宅にて
（後列右から2番目　石井紀子）

日比谷図書館時代

石井　一九五七（昭和三二）年に卒業しました。どうしても私は公共図書館へ行きたいと思っていました。当時、日比谷図書館が秋には開館を迎えるところに至っていました。私の一年先輩の島田若葉さんがアルバイトとして働いていたので、彼女の所に日参して、試験を受けたいと相談しました。ところが九月頃しか採用がなかった。それで、その間は博報堂に就職していた友達が「とにかくね、分類も何もなっちゃいないのよ。手伝ってよ。」と言うので、二人ぐらいで手伝いに行きました。そこで、NDCではない、いわゆる広告関係を中心にした分類表を作りました。また深川の五中の学校図書館で、生徒たちにいろいろ本のことを教えたり、本の整理をしたりと、そんなアルバイトをやっていました。

大井　九月の試験を受けて日比谷に入ったわけですね。

石井　そう。

大井　その頃の公共図書館といえば、東京では国会図書館の次は日比谷図書館ですか。

石井　そうですね。というのは土岐善麿さんが館長で、理想にもえ、分野毎に開架式の部屋を設けて、新しいパイオニア的図書館を目指していました。さらに佐藤政孝さん（後に杉並区立図書館長）が尽力して、日本で初めての司書採用制度を開始しました。その司書第一号なんです。その時は十一名採用されました。先輩職員には後に日本近代文学館に移った大久保乙彦さん、仙台で活躍した黒田一之さんがいらっしゃいました。あとは満鉄帰りの図書館員の林靖一さんたちが残っていて、課長はそういうクラスの方々です。

1958(昭和33)年　都立日比谷図書館裏門にて(右端　石井紀子)

大井　都立の中央図書館は、もともと有栖川公園ではなかったのですか。今あるのは新しく建設したものですよね。

石井　日比谷公園内に一九〇八（明治四一）年、東京市立日比谷図書館が開館しました。戦災で焼失したのち仮設公園内の三角形の土地しか利用できないので、三角形の建物として一九五五（昭和三〇）年一〇月に開館しました。一九五一（昭和二六）年に土岐善麿さんが館長に就任し、ようやく再建に着手しました。

大井　日比谷は日比谷で残ったけれど、新たにその有栖川公園内に造ったということなんでしょうか。

石井　有栖川には養正館がありました。養正館は、昭和天皇に皇太子がご誕生した奉祝記念事業です。青少年修養道場として、一九三七（昭和十二）年に東京府により有栖川宮記念公園に建設されたものです。

大井　木村八重子さんから、貴重書を荷車に乗せて青梅方面に本を疎開させたと伺っていたものですから、有栖川が中央館かと思っていました。

石井　みんなひもじさをこらえて、貴重書を大八車に積んで運んだそうですね。

大井　余談になりますが、力不足と空腹のために本を運ぶ自分たちにおにぎりを与えるよう「おにぎりよこせ運動」があったのだと話されていました。

　日比谷図書館は、東京で本格的な公共図書館の最初だったんですね。

石井　そうですね。

大井　私は高校の時に日比谷に憧れて通いました。

石井　そうねえ、あそこはすごかったですね。最初は受付に座らされました。学生たちは朝早くから並んでいるから、ものすごい長蛇の行列でしょう。それを記事にすべく「東京新聞」がやってきて、私も取材されました。

大井　受付から始まって次はどこの部署へ。

石井　学生室。それから館外貸出。これはすごかったですよ。

大井　その当時の館外貸出というと、今の国会の館外貸出と同じようなものですか。

1958(昭和33)年　学生室のカウンターで
(左　石井紀子)

石井　個人貸出のほか、大島、三宅島、八丈島へ本をリンゴ箱に詰めて送り、役場で巡回させてもらっていました。大島には本を点検しに行きました。でもねその頃、女の人が一人で来るなんて向こうは思っていないから、波止場に迎えに来た役場の人が、えーって、びっくりしていました。そういう時代。

大井　女性が職責をもって仕事をすること自体、珍しがられた時代ですよね。

石井　そう。教育庁の社会教育に貞閑晴さん（後の中央図書館長、オリンピック村村長など）がいらして、その方が豪傑でね、島に行くと言ったらいろいろと教えてもらいました。あの頃、教育庁には戦争未亡人の方がいました。加藤剛さんという俳優がいるでしょう。奥様は係長の娘さんでしたが、係長も未亡人ね、女の子一人抱えて働いて育てたわけです。貞閑さんもそうね。ご主人は海軍軍人で戦死されました。そういう人たちが多く働いていましたね。

大井　戦争の後遺症をいろんな形で持ってたんですね。今野千鶴子先生（実践の卒業生、国立国会図書館の後、実践女子大学図書館の部長）もそうです。国会図書館に入った時に、男の人と同じように働いていいよってお母様が言ってくださったので、男性と同じ生活をしましたとおっしゃっていました。今野先生は国立国会図書館でいちばん最初に女性で係長に昇格されたと聞いています。

《目録改訂》

大井　館外貸出の後は全部署を回られたのではないかと思うのですがいかがでしょう。

石井　そうですね。収書、それから整理、特に新館に向けての整理体系の確立は大仕事でした。その頃、著者主記入式の目録規則を改訂することになりました。ちょうど団体貸出のために、あんなNCRなんかやっていられないわけですよ、もっと単純化しようということになり、数館の司書が協力して作り出したのが標目分離方式の目録なんです。

大井　私が就職した時の目録は、一九六六年版のNCRで著者名が基本記入でした。

石井　団体貸出用の目録規則というのを作って、それで標目分離を打ち出したわけですよ。要するに、ボディは共通にして、そこにアクセスキーとして標目を付与する記述独立方式です。従来の著者主記入では、書名目録などの他の目録から著者目録へたどりつかないと書誌情報を入手できない。同一のカードを作成してアクセスキーを付加すればよい。このやり方が一番能率的で合理的と考えました。あのころはアクセスキーなんて思いつかなかったけどね、そしたら森耕一氏がびっくり仰天しちゃって感激しちゃったわけよ。

それは「記述独立方式」という名前になりました。今でも覚えてるんだけど、国会図書館の古い建物の裏に、図書館協会のぼろっちい二階建てがあってね、その二階のグラグラするような所で開かれた目録委員会の時に呼ばれて行って、森耕一さんに「私はコペルニクス的転換を感じました」

と言われちゃったわよ。実務的にも記述独立方式の方が能率が上がるからって。
大井　楽ですよね、確かに。
石井　それから独立分離方式と著者主記入方式との論争が始まったわけよ。
大井　その頃が一番、目録が動いて、分類も変更を余儀なくされてきた頃ですよね。
石井　そう。私は目録なんてあまり好きじゃないんだけど、目録委員をずーっとやらされていたわけです。
大井　当時の目録委員長はどなたがなさってたんでしょうか。
石井　宮坂逸郎さん、その後が丸山昭二郎さんですよ。

《選書》

石井　日比谷にいる間にやったのは選定図書委員ね。それから目録委員が長いです。
大井　日比谷の時は、選書はどういうふうな形だったんでしょうか。選書方針はかなり明確だったんですか。
石井　できていませんでした。それで、米国の方針を取り寄せて作りました。私が原案を書きました。他に北村泰子さんという名物課長の下で、まずイノック・プラット図書館のレファレンスマニュアルの翻訳が進んでいました。あの頃は、もうね、学ぶのはそれしかない。それから森耕一さんとか、国会図書館の宮坂逸郎さん、石山洋さん、丸山昭二郎さんなどの大先輩にどうやったらいいか聞いて歩きましたよ。特に新館を建てる時もあらゆることを聞き歩いて調査しました。整理体系や選書方針の大綱などすべて作った。全国的にも選書方針がなかった時代ですから、日比谷が初めてじゃないかな。

大井　今でも選書方針が確立されてない所はたくさんあると思います。大学の現場にいると、あるようでない、ないようで微妙な形であったりします。選書が一番厳しいなという感じです。

石井　蔵書構成については、先輩の島田若葉さんが非常に熱心にやってくださいました。各分野の専門の先生方を全部呼んで全部点検してもらいました。何が足りないかを指摘していただいた。それに基づいて順次蔵書を再構成していった。

それをね、書庫が狭いとか、増築できないからといって、なし崩しに廃棄するなど、それこそ現代の焚書といってよい。だってね、ライブラリアンシップの中で一番大事なのは資料なんです。資料をおろそかにするのだったら図書館ではない。ライブラリアンシップは死んでいます。何で勝負をするかといったら、図書館は資料なのよ。それを軽々しく捨てちゃうんだから。しかも都民の税金で賄われたものを一介の教育庁の役人が決めるなんてね、とんでもないです。

大井　お話を伺っていると、プロとして仕事をする、ライブラリアンとして、プロフェッショナルな仕事をするということがとても大きく見えます。委託にしたら専任職員の仕事は選書とレファレンスしか残らないというような安易な発言が多いですね。カタログも分類もどうでもいいんですかと言いたくなります。背骨がしっかりしてないと、内容のあるレファレンスはできないでしょう。

日比谷ではライブラリアンとしてのプロ意識を相当育まれたんじゃないかと思うんですが、どうでしょうか。

石井　それはみっちり大学で教えられた。アメリカの教師がそうでしたからね。レファレンスを教えていたシーロフ先生なんて素晴らしく博学でしたよね。すごかった、好奇心旺盛な知識人でしたね。

大井　そういうお話を伺うと、国会図書館で参考課長だった城田秀雄さんが実践の図書館の事務部長に就任なされた時に、ここの大学図書館のレファレンスはレファレンスの裡に入らんと言われたことを思い出します。要するに、クイック・レファレンスはレファレンスではないんだ。本物のレファレンスをやっていないではないかと言われました。それはショックでした。

日比谷のレファレンスはどんな姿勢だったのでしょうか。先生を指導なされたレファレンサーたちから教えられることもあったんじゃないかと思うのですが、いかがでしょうか。

石井　日比谷図書館では北村泰子課長、早く亡くなられましたけども大したものだと思いましたね。彼女は占領軍の通訳として働き、それから教育庁に転職した方です。英語がよくできた方だけにアメリカの書物を読み漁り、その北村学校に集まったスタッフたちにレファレンス・サービスのあり方を教えた。他の部署よりは自尊心が高く、自分たちこそプロなんだというような内容でね。私はその部署が好きではなかったから、レファレンス係にはなろうと思わなかった。

大井　レファレンスの根本のようなものを教えられたのは、やはり慶應のライブラリースクールですか。

石井　慶應です。それから大先輩の佃実夫さんです。

大井　私たちは、三谷栄一先生からアメリカの図書館がどういうものかを教えられました。三谷先生は図書館職員養成所出身です。日米図書館大会が日本で開催された時に、先生は議長を務めています。プロのライブラリアンというのは、「知を探求しよく知ること、そして自ら求めて知る努力をすること。利用者に還元していく。いつもたゆまない努力をする」ものだと教えられてきました。また自らが研究者としてあるべきだとも言われました。

《職場に図書室を》

石井　私の日比谷図書館時代で大きなことは、辞表を胸にして取り組んだ「職場に図書室を」という職場図書室サービスの開始です。

大井　それは具体的にどういう活動だったのでしょうか。

石井　前後しますが、一九六〇（昭和三五）年、労働局の局長が図書館長としていらしたんです

1961（昭和36）年　「職場に図書室を」専用カー
（後列右端　石井紀子）

よ。それで日本は中小企業の九八%が東京に集まっていて、そこで働く人たちは本を読む機会が少ない。だから一〇〇冊ずつ本をセットにして、それを一カ月に一回巡回させたらどうかと考えた。発想はよかったのね。

予算は取れたんですが、人員が付かないんですよ。それでは仕方ないので本の収集、自動車の仕様づくり、マニュアルづくり等の仕事を進めながら、組合運動をやっていた関係上、人員をよこせという職場闘争もやりました。ストライキだから電話も一切取らないの。そうすると課長がしょうがなく取るわけよ。課長は教育庁から来た沖縄出身の人のよい広田課長でした。もしこのまま人員が付かないのなら、辞表を出そうと決めたんです。辞表を胸にやったんですよ。そしたらね、労働組合の分会長でね、石川さんという製本の職人のおじさんが、社会党の市議に声を掛け働き掛けてくれたんです。人が付いたんですよ。そういう大事件だった。

このサービスは三年間やったかな。素人なのに本を乗せる自動車の設計までやったの。あらゆる知恵を絞って、新しいサービスに熱意をもって一生懸命に仕事をしました。

日比谷図書館の良さというのは、古狸がいなかったことです。そういう新しいことをやる先達がいなかったから、みんなして洋書を読んだり、専門家といわれる人の胸を借りたりしました。日本のどこかでやっているなら話は別だけど、どこもやってないから自分たちで考えなきゃならないわけよ。それはすごいことだったよね。自動車のことを何も知らないのに、よくまあ仕様づくりをしたものです。

大井　人が足らなかったにしても、そのアイデアを実現するために行動した。それができたんですものね。すごいことだと思います。

石井　それで人が付いたものだからね、「職場に図書室を」が始まりました。私はあの三年間で東京都内の主な中小企業はほとんど回った。あのサービスを通して、地方から出てきてこういう生活をしている人たちがいるんだ、ということを身を以て知りました。大田区の鋳物工場へ行けば、一日中砂に鋳型を埋めたり、沈めたり、水に入れる仕事でした。浅草や足立区に行けば、皮製造の小さな作業所が密集していました。荒川を越えると製薬会社があり、神奈川近くにはかき氷用のシロップ工場がありました。

大井　シロップ?

石井　かき氷にかけるシロップを作っている食品工場ね。食べてくださいといって赤や緑のシロップが届けられました。それから中央区の衣料問屋や商店街の問屋ね。日本橋の近くの細い路地を、一〇〇冊セットの木箱を二人がかりで、えっさえっさと運んでいきました。

大井　曳舟、玉ノ井辺りはおもちゃ工場がありましたね。

石井　そうそう、おもちゃ工場にも行きました。

大井　おもちゃ工場ってちっちゃいです。私の母もおもちゃ工場で働いていたので、子どもの頃に一度行ったことがあります。

石井　それから、吉祥寺の、井の頭公園の先にあるコピアという会社、今もまだあるわね。どこに本を置くんですかと言ったら、工場の二階にある事務室へですって。男の人と二人で、それはもう急角度の階段をよじ登っていかなきゃいけなかった。それから調布の飛行場にも要請を受けて行きましたよ。

当時は仕事と平行して「思想の科学」の転向研究にも関っていたので、〝庶民の生活〟を肌で感じました。大げさに言えば〝民衆の大学〟かな。

大井　日比谷に入られたのは一九五七（昭和三二）年ですね。

石井　そうです。

大井　一九七三（昭和四八）年までお勤めなされていたので、一九六五（昭和四〇）年あたりのことでしょうか。

石井　一九六四（昭和三九）年に息子が生まれました。その前に二回ぐらい流産しました。原因は一日中自動車に乗って動いていたからです。だから一九六二（昭和三七）年あたりだね。昭和四〇年には企画係で新館建設に関っていました。一九六七（昭和四二）年に整理係長、新館の整理体系のプランニングをやっていましたから、そうだと思う。

大井　時代が要求したということもあったのでしょうが、図書館サイドから町工場に動いていったというのは大きな出来事ですね。もしかしたら日比谷のそうした動きが日野（市立図書館）の活動につながったんじゃないでしょうか。一つの連鎖のように思えますね。

石井　朝九時半頃出て夕方四時半頃にしか帰れない。隅田川や荒川を越えて、すごかったですよ。荒川土手でお昼を食べたりしました。私はあまりつわりがなかったから、それで流産したんだね。

《安保闘争》

大井　安保闘争はどういうふうな影響をもたらしたのでしょうか。私の四歳違いの姉の時も私の時も、そういう活動をした人が先生として教育の現場に入り込んでいました。六〇年安保闘争は思想の闘争だと言われて、七〇年安保闘争はセクトの闘争というふうな言われ方もしていますね。

石井　うん、そうだね。

大井　かなり影響があったと思うんですが、日比谷図書館だけじゃなくて、図書館界への六〇年安保の影響というのは何かありましたでしょうか。

石井　六〇年安保の全国的な図書館への影響については、私もちょっとつかんでないですね。

大井　肌で感じるとか、何かそういった感覚はありましたか。

石井　当時、組合機関誌の編集をやっていたから、仕事が終ったらデモへの参加をよびかけ、道いっぱいに人が広がるフランスデモへは三々五々参加しました。日比谷公園はデモの出発点でしたからね。

大井　そうですね。

石井　そういうこともあって、関心を持たざるを得なかったですね。六〇年安保は図書館の前をフランスデモで通っていたからいいけど、七〇年安保は大変でした。朝、催涙弾の立ち込めている中を出勤するんですからね。

トイレを借りに、警官もデモ隊の人たちもやってくるしね。ものすごかったですよ、その惨状たるや。ガスが立ち込めているんだもの。翌日行くと、まだ催涙弾の煙が残っているし、そこら辺のレンガは全部はがされて投げられているしね、すごい状態だった。私ね、そうしたことがあったせいか、かなり後までね、日比谷図書館の屋上に戦車が出る夢ばっかり見ていたの。

大井　それは戦争を体験したというのも大きいんじゃないですか。残像が記憶されたでしょうか。私は六〇年安保という事件性よりも、浅沼さんが山口二矢に刺された事件がすごく記憶に残っています。

石井　うん、刺された。

大井　あれは私の姉が中学一年ぐらいの時でした。

石井　そうですか。

大井　ちょうど一九六〇（昭和三五）年、六〇年安保の時ですよね。私はそれをラジオのニュースで聞いて、家でもその話題が出ました。中学に行っていた姉は、先生から浅沼さんが刺された、この事件について皆さんどう思いますかと質問されました。ほとんどの人は人を刺すというのは良くないという意見だったけれど、私の姉は、山口二矢には自分の考えが、信念があってのことなんだろうと言ったそうです。人は善悪だけでは判断できないものがあるのではないかと、姉の言葉が子供心に非常に残っているんですね。

　自分の土台が確立していないということでしょうか。今の若い人も、社会で中心になって活動している人たちも、その大元になるものが自分の中に確立されてないように思えますね。

石井　ほんと、そうねえ。

大井　そうしたこともあって、小林卓先生に図書館原論の根本的なところを学生に教えてあげてくださいい、と申し上げたことがあったんですよ。

石井　ほんとにすごかったなあ、あの時代は。

大井　日本がちょうど復興してきて、アメリカとの関係に違和感を覚えてきた時代でしょう。日本の国民もいろんな意味で揺れていたと思うんです。今と違うのは、当時の人たちは自分でものごとを考えていた。そのことが今日との違いではないかなと思うんですね。大きな歴史の流れの中で、図書館という場所にも時代の奔流があったんではないかと思っているのです。

石井　うん、そうかもしれないね。

《山谷への貸出》

大井　日比谷時代で、ほかに強烈に印象に残っている出来事がありましたでしょうか。

石井　やはり一番は職場図書室の問題です。それからね、その前の一九五九（昭和三四）年に団体貸出をやったのですが、山谷への貸出をやるため一人で山谷を見に行ったんですよ。

大井　えーっ。

石井　怖かったですよ。住所登録もしていない人たちでしたからね。しかし、殆ど失くなってしまうだろうと思っていた本がボロボロになって返ってきたんです。感激しました。こんなに読まれるんだ、底辺にいる人の中にもそういうものを渇望している人たちがいるんだというのはすごい驚きでしたね。

大井　それが図書館の原点ですよね。

石井　そう、そうです。個人貸出用として、時代小説とか大衆小説などを選りすぐって持っていきました。都議会に貸出をするよう要望が出たのね、それが発端です。それで現場を見に行ったんだけどね。

大井　お一人だったから怖かったでしょう。

石井　見に行った時はね。でも日比谷にいてよかったわね。実にいろんなことを自分たちで組み立てて考えて、常に日比谷は前を向いて走っていましたからね。

大井　そうですね。

石井　要するに日比谷図書館は、新しいサービスを行う実験図書館でもあったわけです。

《新館建設》

石井　新館建設の仕事のため、一九六五（昭和四〇）年四月に庶務課企画係へ移りました。職場の職務分析データをもとに、司書と事務職との人員配置について要求をまとめました。新館を建てるのに七年間かかった。昭和四二年四月に整理係長となり、「蔵書目録」を手がけ、次に収集から整理のすべてを含む新館の「整理体系」の構築の大仕事を担当した。フランス文学者の杉捷夫先生が昭和四四年に館長になったことからプロジェクトが結成され、毎日毎日朝から会議や打合わせがありました。そんな状況でも仕事を進めないといけないし、大変でしたね。昭和四五年七月に森博さんを初の専門職の課長として迎え、整理体系の確立に全力をあげたのですが、昭和四六年六月に胃ガンで急死され、リーダー不在となりました。悲しみにひたる間もなく、その遺志をついで一致団結して若いわれわれが頑張りました。そして美濃部亮吉都知事をお呼びして開館式にこぎつけた。

美濃部さんに挨拶を頼むにあたっては、ちゃんと下書きを作るようにと言われました。それで美濃部さんに成り代わって下書きを書いたのよ。お使いになったかどうかは別よ、あの方は自分の言葉でしゃべる方だったから。

美濃部都政の、図書館と図書館行政に対する影響はものすごかったですね。

大井　美濃部さんの時に、東京都の教育行政に大きな変化があったのではないですか。

石井　そう。これは大きな問題でしたね。日比谷図書館は新しいサービス創設のパイオニア的役割を果たすと共に、美濃部知事と杉館長のコンビで、区立から三多摩の図書館の振興に尽力されました。日比谷図書館は今や千代田区立に移管されてしまいました。残念ねえ、ほんとに残念。

大井　東京都の図書館をリードする一つの模範でしたからね。

石井　図書館の蔵書や図書館建築にも補助金を出しましたから。

大井　それまでは日本は復興することに忙しかったから、社会の経済的基盤を確立することに重点が置かれていて、文化とか教育行政については弱かったんですよね。

石井　そうそう。

大井　それもかなり潤沢に。まあ、潤沢かどうかは分からないけれど、かなり補助予算を出したんですよね。

石井　貸出機能に徹する日比谷図書館とレファレンス・調査図書館としての有栖川図書館とに機能を分けたでしょう。日比谷はレファレンスブックの一ヶ月貸出を開始し、雑誌一、五〇〇タイトルも貸出しました。

大井　それはすごい。

石井　それで、私なんかは恩恵を受けたのよ。日外に入社し、書誌や事典の編集の際にレファレンスブックを一ヶ月借りましたからね。

大井　大きいですね。

石井　これは印象的でした。

大井　レファレンスブックをそうやって貸し出しするなんて。

石井　初めてよ、初めて。

大井　普通はレファレンスブックは参考棚に置かなきゃいけない。その縛りを取ったわけですから、発想が全然違いますね。

石井　有栖川が保存しているものを、日比谷が貸出用複本として揃えた。ところが、書庫が一杯だから一冊で充分ではないかとか言うようになったわけ。その延長線で、ついに日比谷図書館を千代田区に移したわけでしょう。

　こうなると思い切ってね、極論ですが、東京都は都立図書館をなくしました、というのがいいと思っているぐらい。おためごかしにね、図書館なんか残す必要ないわと思っている。

大井　それは東京都だけじゃなくて、どこもかしこも言えることではないかと思います。

石井　まあ、そうねえ。

大井　大学図書館だって、実際には図書館としての機能が果たせなくなってきているように見えます。レファレンスを誰がやるかというと、結局、教員がせざるを得ない。でも、教員にとって強力なサポーターというのは、やはり優秀なライブラリアンです。

石井　それが、今やどうしようもない所に来ていますね。

大井　私は高校の時に初めて日比谷図書館へ行きました。住んでいたのが埼玉でしょう、東武線から日比谷線に乗りかえて日比谷に行くわけです。日比谷図書館の、あの障子の入った窓がとても印象的でした。

石井　そうね、二階のね。

大井　私は、あの空間がとても好きでした。図書館の中に障子を入れて、光を緩和したアイデアはどなたが考えたのだろうと思いました。

石井　三角形の図書館プランは土岐善麿館長のアイデア、林清一課長と都の建築技師だった高橋武士さんの三人で部屋割りプランも作り上げていったと聞いています。
大井　図書館の建造物としても非常にユニークですよね。
石井　あの時ね、提供された土地が三角だったから、土地を最高度に活用するには三角形の建物しかなかった。
大井　その三角しかない空間から、様々な発信をしていたということですよね。だから日比谷の存在価値はとても大きかったんではないかなと思います。
石井　児童室なんかもね、成人と入り口が違い、入りやすく、とってもよかったわね。
大井　私は児童図書のことで分からないことがあって、カウンターで聞いたら、児童図書はこの人に訊けといわれ、女性図書館員が出て来て対応してくれました。それはとても印象深かったです。
石井　児童室には、熱心な二人の女性図書館員がいました。あの頃は、視聴覚レコードの担当として、後に東京都交響楽団のマネージャーになった河内さんもいたし、人材が揃っていました。

《日比谷図書館退職》

大井　十六年いらっしゃったんですよね。
石井　そうです。転向のところで言い忘れたのですが、自分は〝民衆の大学〟である公共図書館を選んで、その道で仕事をずっと続けることを考えていました。だけど止めざるを得なかった。親戚や家族から、特に姉から「この子をどうするのよ」と詰問された。引きずり下ろされた。家族の問題というのは、戦前の転向でも大きな要因だったと思う。特に女性の場合はね。一九七三（昭和四八）年一月、美濃部都知事にいらしていただいた中央図書館開館式典の総ディレクターも務めた後、結局その年の五月三一日に退職しました。考えてみると十六年間新しいサービスの創設や、整理体系、収書、専門職の人事体系のまとめとか、あらゆることに全力投球でやらせてもらったことは感謝したいですね。

大井　それは働く女性にとって、非常に大きな問題ですね。いつでも付いて回りますからね。「婦女新聞」の記事や婦人雑誌を丹念に調査していた頃に、『大正時代の身の上相談』という本を読んだことがあります。一般的な女性の問題というのは、実は今でも変わらないですよね。

石井　そう、変わらないですね。

大井　人がいて、家族がいて、自分がその中の一員であるということは、いつでもついてまわります。そこに仕事を続けることとの間に摩擦が生じるのです。

石井　力つきて五月末に辞めました。あと二年いれば恩給がつくというのにね。

なお、新館建設の経緯については「都立日比谷図書館研究紀要」第五号（四八年度）の「新館移行特集」が参考になります。

索引への関心

石井　それで、六月一日に「朝日新聞」の索引作りをしていた緒方事務所に移りました。仕事は倍増、密度も高い、給料は下がるわ、でしょう。だから、成城に住んでいた無責任な義姉なんか、その後やはり勤めていればよかったわねって一八〇度変わるんですから、さすがに呆れました。
もう辞めるという時は、バランスをとっていた天秤の一方が、ある時を境に辞める方へガタッと傾く。そうすると、その方向でしか物事を考えられなくなるの。そんな時に、頑張れよとかフレーフレーって言ってくれる人が一人でもいたらバランスはとれたと思う。連れ合いは無関心でしょう。自分の決めたいように決めればいいって人でしたからね。

大井　緒方事務所に移った理由はどこにあったのでしょうか。

石井　都立中央図書館は主題室システムを採用し、調査的機能を重視していました。そのツールとして、例えば文学室では「世界文学全集内容細目」などの索引・書誌類をスタッフが作成していましたが、いかにせん業務の合間ですので、なかなかはかどりません。私としては、日比谷開館の際に小田実さんから聞いた「ニューヨーク・タイムズ」のインデックスのことが心に残っていました。それを徹底的に研究していたのが緒方良彦さんでした。
移った理由を突き詰めると、そういう意味では私は転向したんだと言わざるを得ません。つまり働く場を変えたんですからね。

大井　図書館にとってはちょっともったいないですね。

石井　一方であのまま日比谷にいたら、定年を迎えてどこかの区立の館長にはなったでしょう。しかし情報やデータベースとは出会わなかった。

大井　広がりましたね。

石井　技術的な意味での新しさというのは、かけがえのない事実です。緒方さんは『情報検索の歴史』を書き残しましたが、あの頃のことを思うとほんとに夢みたいね。

大井　自分が今ここにこうしているんだということですよね。過去を振り返った時に、あの時は確かに苦しかったけれども、結局いい方に自分は動いてきたと思うしかないですよね。〝あのとき〟はたくさんあったと思うんですよ。

石井　おかげさまで、日外にいたから、少しは新しいことを学んで実践することができた。それから実践という学舎にも縁があり、それも慶應時代のクラスメートの長倉先生が呼んで下さったことは心から感謝しています。

大井　先生が実践に来られて私は救われるところがとても多かったです。

先生は仕事に燃えていたのではないですか。日外にいらっしゃった時に「書誌索引展望」を発刊したり、書誌というものを通して図書館界をリードしていたと思うんですよ。リーダーシップを発揮できるだけの力があった。

石井　そうかなあ。

大井　そうしたものを蓄えて今がある。日比谷時代に、いろいろな人たちに会ったことが「思想の科学」の中で生きる一つとなったのではと思います。

石井　そうね。未だにやっているけどねえ。

大井　自分を育てていたということではないでしょうか。過去の記憶、それこそ残像の積み重ねが発酵して、いろんなものに姿を変えて出てきただけではないかと思うのです。根本的な考え方というのはコモン・センスにあるんだ、というのがお話を伺って見えてきたところです。

石井　うーん、どうかな。もう一つの、司法の道を生きたかったこともあるからね。弁護士になりたいと思って調べたけど、難しくて駄目だ、こりゃというので止めました。

第二章　編集者へ

―日外アソシエーツ時代

聞き手　大井三代子・森本浩介

当時の日外アソシエーツ

石井　今日は日外アソシエーツ（以下、日外と略）の前身について話しましょう。突然、日外がインデックスづくりの作業を始めたみたいに思われているけれど、それ以前にアメリカの索引をたくさん作っていました。それについて話したほうがよいでしょう。

大井　お願いします。

石井　まずはどんな経過で日外とつながったかという事から入りましょうか。

森本　そうですね。

石井　私は一九七三（昭和四八）年五月三一日に、都立中央図書館を依願退職しました。その原因は、子どもをめぐる家族、とくに姉との対立ということがあって辞めざるを得なかったわけです。

都立中央図書館にいた間に感じたことは、一番目は書誌索引を充実しないと駄目だなということです。中央図書館は調査図書館としての機能を果たし、日比谷図書館は徹底して貸出機能に徹するという機能分化の方針がありました。従って、ほかの本と同じようにレファレンスツールも全部一ヶ月貸出ということをやり始めました。もちろん、雑誌もどんどん貸すということをやったわけですね。それに対して都立中央図書館は、貸出は一切しないで、主題室を設けて、その主題ごとの調査図書館としての機能を果たすということでした。そのためには書誌索引を充実しないと調査図書館としての機能を果たせないので、文学全集の内容細目の索引などを作成していました。

二番目は「ニューヨーク・タイムズ」と「インデックス」を新聞雑誌室に購入してもらったことです。そのきっかけは、私が思想の科学の占領研究会で小田実さんをお呼びして話を聞いていた時、日本の大空襲について調べるのなら「ニューヨーク・タイムズ」のインデックスしかない。何月何日何時にどこがやられたか詳細に分ると言われたことです。そのほかにも、例えば政治家ジョージ・ブッシュの過去から現在にいたる発言も辿れるということもあります。

実は退職する前から、慶應の図書館学科の一年先輩だった緒方良彦さんが外務省の資料室に勤めていて、電文などのコンテンツをデータベース化しようとＩＢＭへ熱心に通っていましたが、過労から肝臓をやられ退職し、その後「ニューヨーク・タイムズ」の「インデックス」を徹底研究していました。その中で朝日新聞の方と知り合い「インデックス」を作成しようと話がきまり、会社を興したのです。彼から小さな所帯だけれど、編集部長として一緒に仕事をしないかと誘われ、中央図書館のときに望んでいた索引づくりなので快諾したわけです。

しかし日々刊行される新聞の作業は予想以上に大変でした。まず記事のリード部分から簡単な抄録を一件一枚のカードに記入し、さらに検索用のキーワードをつけるという作業ですが、日々起きる事件名を即座にキーワードとして決める、大変エキサイティングな仕事です。例えば東京駅前の三菱重工ビルの爆破事件は新聞社から近かったので、記者は現場へとび出し、その事件名をすぐ決めて夕刊の記事につけるということです。

このときに大日本印刷と提携して、編集作業の処理ではなくて、版下を作るためにコンピュータを使うということを進めました。朝日新聞の営業の上層部は『朝日年鑑』と同じように売れると思っていた。その認識は間違っていたわけですね。「ニューヨーク・タイムズ」のインデックスというのは、アフターサービスなんですよ。それなのに、売れるというふうに勘違いした。当時、朝日新聞の縮刷版は買うけれども、インデックスまで買うという図書館のニーズはほとんどなかったと思います。

森本　それは縮刷版や年鑑とはまったく別に刊行されたものですか。

石井　そう。年鑑販売の営業で、それを引き受けて売ろうとしたわけですが、思うように売れないので一九七六（昭和五一）年の五月前に事業中止になったんです。

まあ、その後、会社は電通と組んだりしてね。電通のいろんな資料の電算化とかやりました。電通自体が面白い会社で、社員一人一人が芸を持っていないと成り立たない会社です。つまり、なんかイベントを企画するというとき、どれだけ動員力があるかとかね。例えばどこの家元を知っているとか、そういう能力が問われる会社なんですよ。会社組織で考えるというより一人一人がね、小さい会社というのかな。だから余裕のある人は、自分のブレーンを社外に持つわけです。私たちも、電通の柴田亮介さんや上司の課長のブレーンだったわけね。どういう社員がどういう趣味を持ち、どういうネットワークを持っているかの情報を全部入力されていました。ネットワーク情報ですね。

例えば明治神宮で郷土祭りが行われるとしたら、そのネットワーク情報を検索すれば、あの人がキーマンだということが分かるわけね。そういうことを考えている会社でした。

私としてはそれなりに面白さはありましたが、今後のことを考え大学院に行き直して教鞭をとるか、それともコピーライターをやろうかとか、いろんなことを考えたわけです。また時間ができたので、この間に私は「思想の科学」の会長をやりました。

森本　早くから「思想の科学」に関わっておられたのですね。

1994(平成6)年12月　大高社長と一緒に

石井　「思想の科学」については、一九五四（昭和二九）年に入会しました。

それでこのときに、雑誌「思想の科学」の別冊として「辞典の歴史と思想」を出すために、佃実夫さんと編集グループを立ち上げたわけです。これが四三歳のときね。私はこの中で、サブカルチャーの辞典というのを徹底して調べたわけです。0門からずっと棚ごとに、レファレンスツールを全部見ていったわけです。そういう作業を国会図書館に通い詰めてやっていました。ある日、そのレファレンスルームに大高利夫（日外アソシエーツ社長）さんが入っていらした。石山洋さんから紹介されたということでした。石山さんとは目録委員会で一緒にやっていました。今でも思い出すんですが、目録委員会のときに『雑誌記事索引　累積版』のチラシを持っていらして、日本にもこういうものを作る会社ができたんだよと話されました。そんな会社があるというのは聞いていましたけれど、大高さんについては知りませんでした。四四歳で日外にハンティングをされました。一九七六(昭和五一)年六月に編集部次長で入ってくださいと言われたのですが、私はそんな編集部次長にはなりませんよと、三年ぐらいはそういう役付きは嫌ですと言って、まあお見合い期間ですね。

日外のその当時の状況について話す前に、日外の前史にちょっと触れたいと思います。図書館の方は、日外の仕事というのは『雑誌記事索引　累積版』以降しか知らないと思うので付け加えると、一朝一夕に会社ができたんじゃなくて、アメリカの理工学系学会誌のインデックスを出版していました。そういう経験があって、その蓄積の上に「雑誌記事索引」の累積版という発想が出てきたということがありますので、これはちょっと触れておきたいと思います。[注] 小冊子『紙文明の未来とメディアの変革』（一九九〇）に付された年表をごらんください。

森本　これですね。

石井　それにちょっと述べてありますけれども、その参考資料、後でご覧になっていただきたいと

注　河島正光著『民間書誌企業をささえるもの―日外アソシエーツ社研究』「図書館雑誌」七七（二）一九八三―〇二　九二―九四頁

思います。

簡単にいいますと、一九六五（昭和四〇）年に日外ドキュメント貿易株式会社が設立されます。大高さんは図書館職員養成所を出られて、最初北海道岩見沢図書館にいらした。それから日外を創立される前は富士通の資料部、特許の関係資料を専門にやっていらしたわけですね。村田征禧さんも確かそこにいたんだと思います。

森本　社長は富士電機製造です。村田さんが富士通ですね。

石井　村田さんは富士通でしたか。

森本　富士電機製造は今の富士電機ですね。富士通とは姉妹会社と云われていたそうです。

石井　その仕事の中で、おそらくつくづく感じられたのは、入手困難な特殊資料、特に技術資料の必要性だと思います。そこで、その輸入販売の専門商社を立ち上げるわけです。これについて、河島正光さんがちょっと触れているんですが、すでにＳＤＩ（選択的情報提供サービス）を試みている。カレント・アウェアネスサービスの一種ですね。あらかじめ顧客に必要とする資料のキーワードを登録させて、それで資料群の中からその顧客に合う資料を提供するというサービスです。つまりそんな新しいサービスを既に試みていたということを河島さんが紹介しています。

一九六九（昭和四四）年に、日本初のコンピュータによる技術情報の検索サービスを開始しています。サービスを開始したということは、相当前からコンピュータへの造詣が深かったということです。一九七一（昭和四六）年に大森に移って、日外アソシエーツに社名変更します。最初何をやったかというと、アメリカの電気電子学会や物理学会、機械学会などの学会誌の累積索引を日本で作りました。こういう学会の累積索引を日本で作っていたなんてことは誰も知らないはずです。十三点ぐらい作っていたんです。おそらくこのとき得たコンピュータ処理をメイン業務にしようという方向に、大高さんは踏み出したと思うんですね。

一九七五（昭和五〇）年には、他に先駆けて電算漢字処理に挑戦をするわけです。大変ですよ、あの頃漢字処理をやるというのは。コンピュータは、計算かアルファベティカルの処理ですからね。相当苦労なさったんだと思うのですが、このときに河島さんが関わるわけね。わが国の統計二万四千表の検索可能な索引の企画を出す。しばらく彼は考えていたそうですが、やりましょうということで、『日本統計索引』を五年がかりで編集刊行するわけです。このときが穿孔テープで処理していた時代なんですね。だから、日外の名が売れるまでの期間、アメリカの理工学系学会誌の累積索引を出版したノウハウが蓄積されていたはずですし、またコンピュータ処理というのも早かったわけです。これが日外アソシエーツの前史なんですよ。

『日本統計索引』（1975.11）

森本　河島さんが日外とどういう関係にあったのかが、今の石井さんのお話を聞いて初めて分かりました。

石井　おそらく、井上如さんや河島さんとは、それより前にご存知だったんじゃないかと思うのね。いろんな会合などで出会っていたと思います。みんな専門図書館畑だし、井上さんはアメリカ留学から帰ってきて中央大学の図書館で働いていたんですが、野村総合研究所の立ち上げのときに引き抜かれて、資料の情報管理をやっていたと思うんです。そういう関係から、大高さんも販売先として必要だったと思うのね。まあ、井上さんと河島さんは慶應の図書館学科のクラスメートです。近しい友人だったから、二人とも大高さんとは親しくなったんじゃないかなと思います。

大高さんは起業家といってよい。常に、現実的にはかなわないようなことを夢見ているでしょう。あのころは、ベンチャー企業の人たちは西和彦さんにしても孫正義さんにしてもまだ若かった。ベンチャー企業の人たちが集まる会合があって、私なんかも行きましたけれどね、孫さんなんか本当にぼーっとしたような感じの方だった。

だから一朝一夕にして索引を作る会社が生まれたんではなく、アメリカの理工系学会誌の索引作成を通じて得たノウハウを仕事に活かされたのだと思います。

森本　日外に入られた二ヶ月ぐらい前から『雑誌記事索引　累積版』を刊行し始めたという感じになりますか。

石井　そう。

森本　当時『雑誌記事索引　累積版』が、どんなふうに作られたのかというのをお聞きしたいと思っています。

石井　その前に当時の日外はどんな会社だったかということと、それから大高さんの考え方についても話しておきたいのですが、いいですか。

森本　はい、お願いします。

石井　一九七六（昭和五一）年六月当時、日外の社員は大体三〇名ぐらいでした。喜多村政美さんが部長でいらして、そのもとに「雑誌記事索引」の累積版を作っていたわけです。これはまったく手作りなんです。毎月一冊ずつ出る。ひどいときは月二冊出るんですから、図書館の方々は絶対に機械化しているに違いない、というふうに思い込んでいたわけ。ところが全部手作りなの、驚くべきことですよ。

社員といえば、当時喜多村さんの横には松浦剛さんがいらした。それから吉井正さんとか大高静子さん、五味紘子さんなどがいらした。部屋の真ん中のところに喜多村さんと松浦さんが座っていて、私は向って右側の机に河島さんと二人で並んで、「雑誌記事索引」のカード仕分けをやったわけです。社員は、医学図書館の元ライブラリアンなど、社長が図書館職員養成所の出身者ですから、そういう関連の人たちが多かったわけです。

そして、二番目には日外の支援者というのがまた、これが面白いんですよ。出版投資というのがありました。索引などは何年がかりですから大変な金額を要するわけです。銀行から借りるという方法以外に、この指とまれじゃないんですが、例えば『現代日本執筆者大事典』を作ります。その出版企画に同意してくれますか。ならお金を出資してください、というふうに支援者に呼び掛けるわけね。そうすると石山洋さんや佐野真さんなど図書館職員養成所出身の方たちとか、河島正光さんや井上如さんや私たちがいるわけですね。例えば五〇万出しましょう、とすると即座に三〇%を利子として返すわけです。そういうやり方をしていました。河島さんも触れているけれど、独特ですよ。出版企画に、一般の人たちで興味を持つ人たちも参加するという形を取ったわけね。まあ、このようにして、普通の人が考えないような独特な方法で資金を集めるというようなこともやっていまし

『現代日本執筆者大事典』の打合せ

た。

森本　『雑誌記事索引　累積版』のカードはどのようにして出来たんでしょうか。

石井　『雑誌記事索引　累積版』というのは、カードに一件一枚で貼るわけです。全部切り刻んで、それで、その一つ一つ貼っていくのは外注するけれども、大高さんのお母さんが毎日いらしていて、それを一つ一つ貼っていくわけですよ。すごい根気仕事。そのカードを時代区分やテーマ区分し、著者別に集めたりなどして編集作業をすすめます。

森本　というと、カード化してそれを基に本にするという形だったわけですか。

石井　そう。それも一件一枚という徹底したやり方。それが活きるのね。一件一枚じゃなかったら、それをすぐに索引に編成し直せないでしょう。

森本　そうですね。

石井　排列し直せないでしょう。徹底して合理的な考え方だと思います。

森本　それは、すでにアメリカの理工系学会誌の索引作成から学んでいた方法だったんでしょうか。

石井　そのあたりは喜多村さんにもお聞きしたいのですが。それから後で話しますけれども、人力によるデータの収集とか、それの処理とかという以外に、やっぱりコンピュータを駆使していろんなソフトを開発した。その威力というのはすごく大きいと思います。そういう支援ソフトがなかったら、迅速な編集作業は駄目だと思う。その開発・構築をしていらしたのは喜多村さんです。

森本　そうですか。

石井　だから、やっぱり喜多村さんには聞書を取りたいんですよ。そうすると日外の本当の姿というのは浮かび上がってくると思います。

森本　はい。

大井　石井先生、一件一枚という発想はどういうところから来たんですか。

石井　それは、要するにね、一頁に何行入るかというのが計算できるわけね。分類されたカードを、頁単位の数で区切っていくわけです。そして、それを、頁単位にセロテープで貼るわけです。一頁ずつコピーを取り出稿原稿として写植に出します。そのときに頁が全部決まるわけです。そしてカードに頁を書き、ばらします。それを今度は、著者名順に並べたり、件名順に並べると、巻末につける種々の索引原稿ができます。

日本の本の作り方というのは、本文を全部活版で作って、それからやおらインデックスを作りましょうということになるから、インデックス作業があると出版が遅れることになるから巻末索引をつけることができない。専門書にしても同じです。そういうことなんですよ。

森本　カードを版面に並べたときに、版面が十三頁なら全カードに十三頁と記載されるわけですね。

石井　そう、全部書くわけ。

森本　次にカードを著者順に並びかえたときには、これは本文十三頁にあることを示されるわけですね。

石井　そう。

大井　一九七〇（昭和四五）年頃に石井先生は目からうろこの目録と言われた記述ユニット方式の目録を考えられたでしょう。それは一冊一枚のカードという発想があったわけですね。

石井　そうそう。

大井　一枚のカードを転用していくという考え方ですよね。

石井　だって、著者主記入なんてナンセンスです。

大井　そういう発想がこういう場面でも活かされたのかと思いました。

石井　いや、それはもう大高さんが独自に考えたやり方です。

大井　大高さんの発想だったんですか。

森本　当時、川喜田二郎氏のＫＪ法とか、六〇年代からカードが知の主流になっていましたよね。注
そうしたカードがお手本だったのでしょうか。

石井　川喜多カードなんかより以前だと思う。川喜多カードについては、実は、私は一九六三（昭

注　ＫＪ法　文化人類学者の川喜田二郎氏（東京工業大学名誉教授）が大量のデータをまとめるために考案した、カードを使ってまとめていく手法。チームワークで研究を進めていくのに効果的な方法だと考え、研修方法をまとめた『発想法—創造性開発のために』（中公新書　一九六七年）を刊行した。

和三八）年の「思想の科学」の市民学校の第一回目の講師を川喜多さんに頼んだんですよ。そのときにね、ＫＪ法というのを彼は初めて発表した。だから後なのよ。それは結び付いてないわね。やっぱりアメリカ流の流れの中から出てきたんだろうと思う。あるいは『日本統計索引』を作るときのやり方もカード活用かもしれない。全部河島さんがカード化したんじゃないかと思う。河島さんにも聞いてみたいですね。

とにかく専門集団が手作りでも徹底した合理的なやり方で作って、それを支援する人脈がネットワークとしてちゃんと築かれていて、精神的にも資金的に応援する、いろんな情報も提供するという、そういう人脈のネットワークが築かれたわけですよ。

大高さんはインタビューに応じないんですよね。いつだったか、私の早稲田の同級生で「財界」の編集長から大高さんにインタビューを取りたいと頼まれたのですが、応じて下さらなかった。ところが「図書新聞」の三二六号（一九八二年十一月六日）では、大高さんがインタビューに応じているんですよ。これは貴重な資料です。

それで、ちょっと大高さんの考え方に触れておきたいんですけれど。大高イズム。この目標を貫いていく経営理念というのがはっきりしているわけですね。道具を作ることに徹するということなんですよ。それに書いてあるけれど、ざっとまとめますと、調べる労力を節約するツール。調査するための道具。これを徹底して作るんだと。そのツールに三義がある。

まず第一は実用性本意。第二には利用者消費者志向。第三は書誌作業の延長上に新しい道具を開発する。だから、こういう伝統的な書誌の作り方の上に新しい道具を開発するという、この三つなんですね。この実現のためには、徹底した合理的な作業方法を編み出す。だから『雑誌記事索引累積版』なんか、まさに典型ですね。

彼はね、ベンチャー的というのかな、やっぱ起業家精神の持ち主ですね、直観力がすごいんですよ。

森本　そうですね。

石井　直観力の塊ですよ。それに、やっぱり直観力だけじゃしょうがないのね。直観力プラス、アメリカの理工系学会誌の索引作成を積み上げてきたというのが裏付けされていたと思う。コンピュータを早くから使っている。これが先見性につながったと思う。オンライン元年といわれている一九八〇（昭和五五）年に、いち早くオンラインサービスを開始するでしょう。他を抜きん出て早くから準備している。やっぱり大高さんの考え方の基本というのがすごく大事だったと思います。

森本　当時から、すでに将来的にはコンピュータでサービスするというふうな発想をもっておられたのでしょうか。

石井　心の隅にはあったと思う。それがいつ来るかは別として。一九六〇（昭和三五）年がコンピュータ元年といわれても、どの会社もデータを蓄積してない。データをデジタル化してないの。日経だけですよ、先見性があったのは。

今でも鮮明に憶えていて、実践女子大でも学生に言ったのですが、ある時大高さんが「いずれコンピュータは腕時計のようになりますよ」と私に何げなく話された。今まさにウェアラブル端末が出現しましたが、それにしても四〇年前ですよ。

森本　そうですか。

石井　だからいち早くサービスを提供できたわけです。

日外アソシエーツの特色

石井　日外の特色というのは、まず第一に既成概念にとらわれないということ。編集物というのは、どっちかというと編集者の手中にあるのね。消費者は出版されたものを読めばいいでしょうという考え方。だけれど道具を作るということは、道具の使い手の立場に立つということです。つまり新しい視点とは、作り手の立場じゃなくて使う立場に立つということです。幸い編集スタッフが図書館の現場経験のある方たちが集まっていたので、こういうツールがあったらいいなという思いがすごくあったし、そういうものを企画として出すわけです。そしてそれがどんどん出版物として結実していくわけですね。

二番目にいち早くデータベース化に取り組んだということです。データベースの視点は早くから大高さんの頭の中にはあったと思いますが、それを社員に明らかにしたのは、私が入って入社三年目ぐらいかしら。三〇名ぐらいの社員全員を集めて、今まで蓄積されたデータのデータベース化を進めるけれど、どうだろうというふうに皆の意見を聞いたんですよ。みんな賛成したんですが、後で考えてみれば、データベース作りというのは、まったく終点のない線路を走っていく作業なんです。

森本　そうですね。

石井　だから私は「線路は続くよ、どこまでも」とよく言うのですが、現代の女工哀史のようです。やり始めたらやめられない、やめてはいけない。日々出る新聞を相手にしなくてはいけない。そこまで考えなかった。データベース化の大変さというのが分かっていなかったと思う。だからみんなの意見を聞いたのかもしれない。

三番目にね、人物情報と文献情報の二本立てにしたということ。賢い選択だったと思う。文献情報は「雑誌記事索引」をベースにしていたのですが、「雑誌記事索引」は紀要中心でしょう、そうすると週刊誌・一般総合誌などは採録されていない。情報としては片寄っているので、市販されている主要な雑誌は全部対象にしたわけですね。それと新聞情報にも手をつけたわけです。文献情報を拡大して一般の人たちが使えるもの、常識的に引くもの、紀要とか学会紀要だけじゃなくて一般誌・専門誌、そういうものに広げていったというのがやっぱり大きいことだったと思うのね。

それと人物情報です。これはね、本当に苦心した。今考えてみたらね、『現代日本執筆者大事典』や人物事典を典拠に一人ずつ簡単な情報を書きました。

森本　これもやはり「知のカード」ですか。

石井　伝票みたいなカードに書いていった。それから新聞に載るものや週刊誌の人物紹介からも作成する。人物情報部のスタッフだけでは足りないから、文献情報部長の仕事のかたわら毎日書いていました。

森本　今日持ってきてないんですけれど、『年刊　現代に生きる女性事典』というのが、そういう作りそのままですね。

石井　そうよ。あれは、新聞に載っている人物コラムなどから全部拾ってくるわけ。雑誌に載る人物紹介も全部拾ってくる。それを何字だったかな、決められた字数できちんと書くわけ。大高静子さんの率いる人物情報部の人たちプラスわれわれの部署が全部応援したわけ。親知らずが腫れちゃって痛いのに氷で冷やしながら書いていたのを覚えていますね。毎日毎日書かなくてはどうしようもない。貯めていられないわけだから。そうやって元データを作り上げていったのよ。今は何十万人収録しているのか知らないけれど、最初は全部一から始まったわけです。

森本　そうですか。

石井　人物情報というのはニーズが高いんです。例えば、今でも覚えているんですが、イラク戦争が起きたときかな、NHKで軍事評論家を登場させなきゃいけないんだけれど、そうした分野の軍事評論家を知らないわけね。既成のツールには載っていない、それで日外のオンライン人物情報を引いたら、ある人物が浮かび上がった。テレビにはその方がずっと出演されていましたよ。

例えば営業でも、人に会う前にその人のことを調べようとかありますよね。人名事典というのは知名度の高い人しか載らないから、どの人名事典を開いたって金太郎飴みたいなものなのよね。調べられないわけ。ナウい人なんか特に調べられないわけです。新聞がデータベース化されていないので人物情報を調べられない。まったくツールがない。

それと、もう一つは、人名事典というのは三年で全部変わるといわれるように、ポジション、住所、死亡とか、変動しても反映されないから情報としては古い。三年で人名事典は役に立たない。そういう点で、人名事典というのは出したときから古くなる。翌日死亡しても訂正できないので次の版がでるまで永遠に生き続けているわけ。そうしたことから人物情報と文献情報の二本立てでいくことが決まったわけです。データベース化ができれば、当然紙媒体やCD-ROMなどの電子媒体とオンラインなどマルチメディアで活用が可能です。ワンソース・マルチメディアが実現するから、テーマ別に細分化すれば種々のテーマによる書籍形態の出版も可能です。

それから四番目には、多彩な人脈ネットワークがあったということです。これはね、会社立ち上げの際は図書館職員養成所の仲間たちが核になりました。さらに慶應の図書館学科の長沢雅男さんや卒業生が加わり、さらに末吉哲郎さんや関野陽一さんなど専門図書館の方々が加わる。やっぱり大高さんの快挙というものに、みんなね、特に図書館の男性たちはおとなしい方が多いので、会社を立ち上げるなんて図書館職員養成所の卒業生でも例がないでしょう、大高さん以外いないから、みんな彼を応援しようということで人脈が広がるわけですね。そういう意味で、和製ウィルソン・カンパニーといわれましたが、実際は日曜祭日もなく、血液型もAB型が多い会社で、気違いアソシエーツとも言われました。注

さらに日本索引家協会を立ち上げたことによって研究者が加わります。杉原四郎さん、谷沢永一さんなどそうそうたるメンバーが参加して下さいました。書誌に詳しい、書誌や索引に熱意を持っている人たち、例えば、日本アイアールの山本修さんが勤めている会社や新しい分野のベンチャー起業家まで広がるわけです。当時の日本索引家協会の名簿を見ているとね、興味深いものがあります。

五番目には、さっきもちょっと触れたんですが、日外の制作体制。人力とソフトの開発、これが両輪なんですよ。この体制を築いたことです。まあ、編集の初期から、データ情報収集というのは

注　阪田蓉子著『索引ひとすじ　ウィルソン社の人と事業―ミネソタ時代』「書誌索引展望」日本索引家協会編　一（二）一九七七・六　一二一―一三〇頁
阪田蓉子著『索引ひとすじ　ウィルソン社の人と事業（二）―ニューヨーク時代』「書誌索引展望」日本索引家協会編　二（三）一九七八・五　三〇―四二頁

一件一枚カード化することに始まって、国会図書館のカードカタログを片っ端から著者名順に写してくるような、そういうふうな人力ですよ。データ収集は人力です。毎日、新聞をくまなくリサーチして、人物情報を書く人とか、週刊誌を全部読んで記事にキーワードを与える人とか、すべて人力ですよ。人力勝負。それに対して、その情報のデータ処理とか、キーワードの自動切り出しのソフトを開発するとか、補助ツールとして著者名典拠を構築するなどのバックとしてのソフト開発です。

一九八二（昭和五七）年にＮＩＣＥ（キーワード自動抽出カナフリシステム）が開発されるわけですけれども、このように編集を補助するような辞書作り、シソーラス作りを積み上げていくわけですね。こういう先駆的なソフト開発、それを合わせてやったということ。これはすごいことだと思います。ほかの会社にはこういう発想はないですからね。典拠録を作ろうという発想はない。やっぱり図書館にいたスタッフがいたからそういうこと考えるわけです。転んでもただでは起きない。こういう典拠録というものは、図書館の整理業務に必要だとも考えるわけ。ここにね、パッケージデータベース商品一覧表というのがありますが、「図書館電算化システム支援ファイル」の案内が載っています。人名典拠ファイル、人名読みファイル、人名代表読みファイル、団体名アドレスマスターファイル、書名読みマスターファイル、事項名マスターファイル、作品名マスターファイル、データベースブックなどを、パッケージにして図書館に販売した。たくましさというか、社内の編集補助ツールさえ図書館に必要だと考え提供する。実際、図書館では人名典拠録を作成するのに涙ぐましい努力をしていたはずです。

種々の補助ツールを作ることで編集体制を構築することができたんです。なにか、質問とかあれば。

大井 典拠のコントロールは大変な作業だと思います。特に著者名は、一人の人が複数の名前を持っているケースがありますよね。

石井 ええ。それを全部参照でつなぐ。最初ソフトはファコム（FACOM）を使っていた。それでね、私なんかもね、一九八四（昭和五九）年頃ファコムの勉強会というのやらされた。私は途中でやめましたが、喜多村さんはきっと大高さんに、石井はコンピュータ音痴だよって言ったに違いない。以上、日外前史と日外のミッションなどについて話しました。

森本 よく分かりました。ところで、佃実夫さんとは「思想の科学」からの付き合いだったのでしょうか。

石井 そうなの。佃実夫さんは徳島にいらしたのね。

森本 はい。

石井 徳島県立図書館に勤めておられて、蒲池正夫さんという名館長がいらしてね、ユネスコのテスト館としていろんな活動をやっていた。京都からもいろんな学者を呼んで文化講演会なども企画し、その中に鶴見俊輔さんが呼ばれて来てたのよ。だから佃さんは「思想の科学」を知っていたのね。それでたまたま都立日比谷図書館が開館して、二年ぐらい後かな、どうしても上京したいと言ってこられた。佃さんを知ったのは、私が「思想の科学」中央公論社版の編集委員に選ばれたのが契機です。現場から三人というのでね、私と片桐ユズルさんと労働組合連合の高田佳利さんが入りました。他には永井道雄さんなどの学者や専門家が選ばれました。その中央公論社版に、佃さんから「戦時下の読書」という投稿があり、そこで初めて佃さんを知ったわけです。まあ、生意気にいろいろと具体的に意見をつけて連絡をとった。

そうしたら東京に来たいとおっしゃられて、日比谷に就職できないかということだったのですが、採用年齢を超えていたのね。それで横浜市立図書館に入られたわけです。

森本　そんないきさつだったんですか。

石井　それからの彼の生活は、昼間はレファレンサーとして働き、それで家へ帰って寝て、四時頃起きてから仕事する。そういう生活をずっとやっていた。それで、頭が痛いとか言ってアスピリンを山のように飲むのよ。

それが良くなかったのよね。結局、そういう縁があったから、最初の『現代日本執筆者大事典』の編者のお一人に入ってもらったわけです。このときは異例でしたね。私もこの本の編者の一員になったのです。社員を編者に加えるのはね、いかがなものかと私は思ったわけですが、大高さんがかまわないんだよとか言って、なんでそうしたのか分からないけれど、石井紀子は少しは名前が知れているると思ったのかな、編者として名を載せました。

森本 そうですか。

石井 おかしいよね。編集のスタッフだよ。それが編者の一人に入るというのは変な話だと思う。大高さんはそういうところ全然考えないのよね、必要だと思ったら常識を越えてしまうのかしら。

森本 編集者は黒子ですからね、普通は。

石井 そうだよね。本当にそう思いますよ。

森本 話を少し戻しますが、入社されたときはカード作りというのが基本的な作業だったんですか。

石井 そうそう。カード化する。カードをいじる。カードを排列する。カードを仕分けする。私なんかも年表作るときは事項を全部カードにして、それを並べるわけ。一番簡単な方法です。追加も削除もできるし。

「20世紀文献要覧大系」シリーズ

森本 入社されて最初に作られたのが「20世紀文献要覧大系」シリーズの『日本文学研究文献要覧 古代〜近世　一九六五〜一九七四』ですね。

『日本文学研究文献要覧　古代～近世　1965～1974』(1976)

石井　それから『同　現代日本文学　一九六五～一九七四』をやりました。

森本　これもカードで作られたんですよね。

石井　ええ。

森本　まあ、カードの元の情報は雑誌文献だと思うんですけれど、「雑誌記事索引」も当時は三、〇〇〇誌ぐらいしか索引化されていませんから、それ以外の文学関係のものは、どういうふうに資料収集されたのでしょうか。

石井　収録は雑誌中心じゃなかったっけ。

森本　雑誌と図書ですね。

石井　じゃあ、このない部分だけを調査したんです。

森本　そうですか。第一部の「研究文献の利用案内」とかは。

石井　そうそう。これは誰かに頼んだのかな。ひょっとすると深井さんあたりに書いてもらったのかもしれないな。

森本　何を調べるか、よくまとまっていますね。

石井　思い出してきました。調べ方については『日本文学研究入門』などを調べてまとめたように思います。

表紙がペーパーバックでね。薄いクリーム色だった。歴史の入門書も全部出ていたな。日本文学なんかやるときに最初に読む手引き書。

大井 成瀬正勝・市古貞次編『日本文学研究入門』新版（東京大学出版会）ですね。

石井 それに書誌辞典類を解題したところがあるんです。それを私は全部読みました。それがデータソースだと思う。これは大変役に立ちました。それで、さらに書誌に詳しい深井さんあたりにチェックしてもらったと思います。

森本 この「20世紀文学研究文献要覧」シリーズですが、当時、調べるツールというのはあまりなくて画期的だったと思うんですよね。主題別にこういうものが出版されたというのはね。七〇年代初めぐらいから国文学の先生たちも源氏物語の索引とか様々な古典文学の索引を作り始めたときだったと思います。研究者からの反応はありましたか。

石井 なかった。そういうところは黙っていた。

森本 そうですか。

大井 日本文学の場合は、文献探索のツールとして『国文学研究文献目録』（国文学研究資料館編・刊）がありました。

石井 そうですね。

大井　当時はそれに頼るところ多かったですね。

石井　そうですね。

大井　このシリーズには外国語、外国文学関係があったからよかった。実際に私たちはレファレンスで使っていました。

森本　入社されたのが一九七六（昭和五一）年六月で、『雑誌記事索引　累積版』を手伝いながらということになるんでしょうけれど、最初に編集された『日本文学研究文献要覧　古代～近世一九六五～一九七四』が十二月に、翌年四月に『外国文学研究文献要覧　英米文学』ですね。五月には『日本文学研究文献要覧　現代日本文学　一九六五～一九七四』と、たて続けに出ていますね、非常に短期間に。

石井　すごいでしょう。

森本　その間、相当量のカードを並び変えたってことになるわけですね。

石井　そうそう。あのときやったのは、私と大高静子さん。

森本　そうですか。

石井　この編集は五味紘子さんが手伝って、あとはアルバイトの人。それぐらいでやった。社会科学やなんかはまた別の方がやっていました。

森本　学習院大学図書館の佐野真さんとかですか。

石井　そうそう、佐野さんは『社会学研究文献要覧』をやりました。この研究文献要覧は、まずね、〝文献と研究文献の交通整理〟というのがキャッチフレーズなのよ。そして「20世紀文献要覧大系」というのは、どうやってネーミングしたかなと思い出そうとしているんだけれど、二一世紀まで続いちゃったわけよね。二一世紀になったらどうしようかとちらっと思いましたが、もう二〇世紀でないと売れないと思ったのかな。

森本　二一世紀になったときには、「20世紀文献要覧大系」というシリーズ名は外しました。

石井　なるほどね。そうでしょうね。そのときに要覧大系の「タイ」を、「カラダ」の「体」にするのか、「大」にするのかというので、私は絶対この「大系」がいいと言って通した記憶がある。これは完全にね、社内編集だったんですよ。担当は私と大高静子さんと五味さんが中心。まずカードを大きく時代に分けて、それから作者別さらに作品別に分けて、それに入らないものは総論になるわけです。『雑誌記事索引　累積版』と同じく手作りです。

森本　そうですか。

石井　だから『雑誌記事索引　累積版』と同じような手法で各頁を作る。五味さんがソロバン片手に一頁ずつ行数を計算するわけ。それで、各頁をくずして索引をつくる。この本を出版した時、谷沢永一先生からお手紙がきました。

森本　どんなものでしたか。

石井　こういう書誌の出現を待っておりましたと。しかし間違いがあるとの指摘もいただきましたね。確かにね、分類するときに、そのカードのタイトルの文字から読み取るわけです。そうすると、分からないものもあるわけね。まあ総論的なものは分かるのですが、そうでなくて作品に触れているんだろうけれど、タイトルには何も書かれていないとか、そうしたケースもあるでしょう。おそらくそこら辺が指摘されたんだと思います。現物の論文記事を見に行く暇はないわけです。だからタイトルの文字面と執筆者によって分けるしかないわけです。そこら辺が間違いの原因だったんだろうと思います。専門家のチェックとか監修もないわけですから。谷沢先生とはこれを機会にコミュニケーションがとれ、ご縁がつながりました。

森本　そういうことで始まったわけですか。

石井　愛弟子である浦西和彦先生をご紹介していただきました。『徳永直』（「人物書誌大系1」）他の編集をされましたが、非常に真面目で真摯な方でした。

森本　僕はてっきり浦西さんから始まった関係かと思っていました。

石井　違います。谷沢先生のお宅にも伺ったのです。日の目を見なかったものがあるんだと、谷沢先生は内容見本と帯を集めていらした。これを、なんとか本にしたいとおっしゃっておられました。それで、社員の野村禎寛さんと一緒に訪ねていきました。その帯と内容見本を全部預かり、日外に送ったわけです。それで何回か企画を立てたのですが、売れる企画にならないわけよ。従って、仕方がなくて赤城倉庫に持っていき、そのままになっている。遂に日の目を見ないままです。

森本　そうですか。

石井　貴重なコレクションですが残念でした。谷沢先生から激励の言葉もあるし、お弟子さんである浦西先生のほかに近代日本文学館の青山毅さんを送り込んできたわけですからね。

森本　そうだったんですか。

石井　青山毅さんは日外に部長で入られたわけね。

森本　そうすると『日本文学研究文献要覧』は、その後の日外の、発展の土台だったわけですね。

大井　当時、私が配属されたのは実践女子大の教養部分室でした。職員が三人しかいない。渋谷と違って資料が少なかった。私は図書の整理とカウンター業務全部を担当でした。だから、『日本文学研究文献要覧』はツールとして必要なものでした。

石井　間違いが多いと思わなかった。

大井　教養部は一年生二年生が対象でしたし資料も少なかった。だから渋谷のほうが使ったんじゃないかなって気はします。

石井　何しろ資料がない時代だものね。

大井　ないです。

石井　こういうツールがね。

大井　これが出たころは今のようにコピー機もない。そういう時代ですからツールとしては必要なものでした。

石井　日外アソシエーツのうわさを聞いたというか、日外という会社を認識したのはいつごろですか。

大井　私は、「書誌索引展望」の頃からです。

石井　ああそうか。

大井　職員の一人が、深井人詩さんの作られた書誌作成分科会に入っていました。特に「雑誌記事索引」はよく使いましたから、会社の名前はその少し前から知っていました。

石井　ああ『雑誌記事索引　累積版』ね。あれは便利ですよ。月刊で一冊一冊調べなきゃならない時代のことを考えたら、もう本当に。

大井　累積版ができたときには、もう感激しました。「雑誌記事索引」の月刊、これも出たこと自体インパクトが大きかった。資料探索が思うようにできなくて、手当たり次第にその月刊版に当たっていたのですから。

石井　そう。本当そうよ。

大井　「雑誌記事索引」がコンピュータでやっているのかと思ったら、手作業だって言われて仰天しました。今日もその累積版が手作業だと伺って驚きました。

石井　そう。だけど、まあ、随時データベース化していくようになった。

森本　当時としては、索引が良くできていたなと思います。それは、カードの中から言葉を拾ってなされたんでしょうか。それともシソーラスみたいなものを利用されたのでしょうか。

石井　シソーラスはない。シソーラスという発想はほとんどなかった。

森本　そうですか。

石井　うん。キーワードという考え方です。

大井　シソーラスの発想がなくても、実際にはシソーラスになっていたのではないですか。

石井　もちろんそうなんだけど。

大井　この索引をたどっていけば何とかなると思っていました。

石井　どうやって作っていたんだろうか。

森本　索引を見ても相当細かく作られていますね。

石井　そう細かく、タイトルもね。

森本　「を見よ」「をも見よ」（参照）とかも。参照の区別はしてないですけれども、その違いがきちんと出ていますね。

石井　そう、タイトル中からね、完全に拾われているのね。別カードを作らないとできない。タイトルの中にいくつもキーワードあるのですから。

森本　そうですか。

石井　これ別カードを作っていたのかな。でも、そうしたら、そんなに早くできるわけがない。

森本　もとは二万枚のカードですよね。見るだけでも大変な作業ですよね。

石井　そうよ。でも、そういうマーカーをしていったかもしれない。

森本　キーワード抽出はマーカー利用でしたか。

石井　うん。マーカーをしたと思う。著者はカードでできるからね。キーワードはマーカーした所をカード化していった筈です。私も索引の作り方ははっきり覚えていないので、五味紘子さんに聞いたところ、原稿中に必要なキーワードを一つ一つマーカーし、それをカード化していったそうです。

大井　一九七六（昭和五一）年だから、カードコピー機が出始めていたかもしれません。

石井　そうね。だからやたらとカードをコピーして、それでキーワードのところをマーカーしていった。それがなかったらできないよね。

大井　多分マーカーして、その部分をカードコピーしたんじゃないかと思います。

石井　そういう感じがする。それならできるわね。

森本　フランス文学のことは後からまたお聞きしますが。この『フランス文学研究文献要覧』は第一巻から五巻までありますが、第五巻だけが索引編です。当時、索引だけでまるごと本一冊というのはさぞ驚かれたのではないでしょうか。

石井　そう、考えられない。

森本　そうしたものができた背景には、日本文学の編集でなされた索引への思い―大切さが込められていたと思うのですがいかがでしょう。

石井　そうね。今見てみると非常に細かく拾っているものね。

大井　内容もすごく細かいですね。私は索引を最初に見たときに、文学全集の項目を全部見ているような気がしたのです。日本文学のそれぞれの内容をたどっていく。ＮＤＣの項目を細かく見ているような気がしましたね。

石井　なるほど。

日本索引家協会と「書誌索引展望」

森本　日本索引家協会は、おそらく編集者として人脈を作る場だったと思うのですがいかがでしょうか。

石井　そう、全部具体的に人脈を挙げますから。

森本　そこら辺のお話を聞かせていただければと思います。

石井　一九七七（昭和五二）年六月に日本索引家協会を設立。これはね、日外にとっては第二のスタートポイントというか、人脈ネットワークの拡大という点では特筆すべきです。社外からの多様な企画持ち込み、このチャンスが生まれたんですよね。それまではどっちかというと、社内のスタッフが自分の経験とか、こういうツールがあったらいいなという思いを実現していたのですが、その枠が広がった。

索引家協会というインデクサーの協会は、イギリスに一つあります。アメリカにはありません。従って、世界で二番目の索引家協会ができたということです。

設立の趣旨というのは、この創刊号の後ろに載っています。一番目は書誌索引の実情把握、そしてこれを作成利用するための促進ということね。二番目に作成技術の交流、質的な向上技術の向上を図る。三番目に利用者と作成者の意思意見の交流。四番目に、書誌索引に携わる人々の共通の利益保護と正当な評価の確立に寄与するの四つですね。要するに、専門家プロ集団として社会的に活動し、質を高めて認知をさせようということが趣旨だと思います。

「書誌索引展望」創刊号表紙（1977.5）

余談なんですが、「書誌索引展望」のレイアウトの仕方。これなんか見ると、この小見出しだけ読んでいけば大体分かるようにと工夫しました。本文を読むと七面倒くさい理論やっているけれど、小見出しだけ読めば大体要旨が分かるようにできています。

それとね、もう一つはね、コピーを取るために、片方に頁と巻数があっても、もう片方に頁とタイトルが入っています。ほかの雑誌と比べて見ると分かると思うんだけど、タイトルまで入っているやり方はないんです。通常はその何巻何号も表示されていない。普通は偶数頁に大見出しがきて、そして奇数頁に小見出し持ってくる。これが普通の柱の組み方ですが、そうじゃないでしょう。これはコピーを取っていいよという、そういう工夫ね。編集上細かい工夫がちゃんとなされているわけ。

柱のつけ方にも、コピーを取ってもインデックスとして機能を果たすというやり方とか、それから小見出しだけ読んでいけば大体分かるよというふうなそういう工夫をしたんですよ。これは私が、絶対これやりたいといってやりました。だから、私なんかが離れてしまうとそういう種々の工夫がなくなったようですが、ただこれは継承されましたね。片一方に巻号を持ってきて、片一方にタイトル持ってくるというのは、スタイルとしてはある程度定着した。

二番目はね、その設立の趣旨です。この人脈というのがね、広がったわけです。石山洋さん、稲村徹元さん、丸山昭二郎さん等の国会図書館勢ね、関西では石塚栄二さん、さらに田中巧さん、平川千宏さん。平川さんは大高さんのクラスメートですよ。そういう方たちに、さらに大久保久雄さんが加わった。この方は神奈川大学の司書ですが、この方が入ったことによって、布川角左衛門さんにつながりました。

それから出版人ね。品川力さんとか竹内市子さん、「朝日新聞」の索引を作った緒方良彦さん。布川角左衛門さんのような出版人。そして学者の方々です。東大の海野敏さん。

森本　そうですか。

石井　それから歌人で、国文学者として有名な塚原鉄雄さん。関西は杉原四郎さん、東京では長沢雅男さん、藤野幸雄さん、高山正也さん。

つまり専門家、出版人、研究者というそうそうたるメンバーが結集したんですよ。初代編集長は河島正光さん。次が深井人詩さん。佐野真さんが三代目です。彼は原稿依頼のとき巻紙に墨で手紙を書くんです。バイマンスリーだったんだけど、月刊と同じような態勢で忙しかった。息つく暇もない。私は事務局として、実際に雑誌の制作に携わっていたんです。

三番目に、メインテーマはその都度企画されますが、別にシリーズがあり、その中でも「専門家訪問」というのはすぐれた企画でした。

森本　ここにありますね。第一回は物集高量氏を深井さんが担当しています。第二回が太田臨一郎氏を稲村徹元さんが担当されていますね。

石井　私は太田臨一郎さんの訪問にご一緒しました。この方は亡くなるまで私のところへはがきを寄こした。軍装品や軍服の研究家なので、私の身近に軍服の収集家がおりますから、先生のお話聞きたいと言ったら、早く来てくださいと。毎年来る年賀状に、いつ死ぬかもしれないから早く来なさいと書いてくださったのですが、結局行くことはできなかったです。

森本　三号が矢島玄亮氏を大森一彦さんが訪ねていますね。

石井　寺田寅彦の研究家の大森さんね。

森本　そうです。

石井　私が大久保久雄さんに同行したのは、京都の寿岳文章さんです。この方の記憶力たるやすごかった。お嬢さんは有名な寿岳章子さん。

今でも覚えているのは、京都で降りて、タクシーの運転手さんにどこまで行くんですかと言われたんで、大久保さんが寿岳さんのお名前をいうと、ああ寿岳先生のところねとすぐ行ったわよ。京都でも有名なのよ。

日本でも有数というか、そうそうたる人物が次々に紹介されていくわけで、インタビューする方も前準備をして半端じゃなかったです。この「専門家訪問」というのは、この雑誌の中で一番すごい記事だなと思っています。二番目に長沢雅男さんが登場したことね。日本の参考図書についてのツールもまとまったものが出ていない時代でしょう。「参考文献案内」として全分野連載されました。三番目は経団連の末吉哲郎さん、彼の発想の面白さ、際立っていたわね。

森本　そうでしたか。

石井　「どこにもない本」とか、あの方は非常にユニークなアイデアマンでしたね。経団連におられた専門図書館のリーダーですよ。彼もすごい発想の豊かな方で面白い人です。こういう方々が登場したわけです。

つまり、たくさんのライターとの出会いというのがあったわけです。私がさらに挙げたいのは堀込静香さん。早く亡くなってしまったけれど。原稿がともかく早い。ものすごく早く書き上げてくるわけね。この方はね登山家でもあるんですよね。毎年ネパールのトレッキングに出かける。深田久弥さんの書誌が出ているでしょう。

森本　堀込さんの編集された『深田久弥』（「人物書誌大系14」）ですね。

『深田久弥』（「人物書誌大系14」）（1986.10）

石井　それから、沼田眞さんの書誌を出しているでしょう。亡くなる前にはＪＬＡ（日本図書館協会）の『日本の参考図書』の編集長をやっていました。本当に惜しい人でしたね。若くして亡くなった。一緒に暮らしていらっしゃる方から亡くなりましたという電話があり、愕然としました。それから大物は大久保久雄さん。この方はね布川角左衛門さんのお弟子です。

森本　そうだったんですか。

石井　そうなんです。布川さんから信頼されていました。

大井　私が書誌学研究分科会に参加していたときに、大久保さんのお世話で布川文庫を見せていただいたことがありました。

石井　大久保さんが寿岳文章さんの書誌を作るのですが、それはね、ウィリアム・モリスばりでした。つまり装丁からすべて素晴らしい。手元に出てきたら今度お見せしたいと思う。寿岳さん自身がイギリスに留学されていて、詩人ウィリアム・モリスは工芸芸術家としても有名なのですが、その折りに工房をたずねられ、造本とか豪華本を作る技術を見学されたわけです。そういう辺りの話が非常に面白かった。それで大久保さんは、寿岳さんの書誌をウィリアム・モリスの造本に近い形で作られた。

さらに大久保さんと福島鑄郎さんが結び付き、お二人は『大東亜戦争書誌』の作成に協働しました。

森本　この大久保さんは、当時確か神奈川大学の司書でしたよね。大久保さんは、初期から書誌作成分科会（私立大学図書館協議会）の会員だったんですか？

石井　大久保さんは日本索引家協会が解散して、その後、書誌作成研究分科会に入られました。その世話人が深井さんで、それ以来ずっとご交流が続いています。

大井　布川さんと大久保さんのご関係はどこからでしょうか。

石井　大久保さんが日本エディタースクールの受講生だったときに、布川さんは講師をしていらっしゃいました。当時布川さんは『日本出版百年史年表』を作成していて、吉田公彦さんが大久保さんを編纂に役立つと思うとおっしゃって紹介なさったとのことです。『日本出版百年史年表』の編纂の現場で、福島鑄郎さんのことなどお話したと聞いています。このことは『布川角左衛門事典』(日本エディタースクール　一九九八年）の編集後記にも少し書かれています。

森本　そうなんですか。

石井　それで、布川さんは最後まで日外の応援をしてくださって、事あるごとにどうしているかと気遣ってくださいました。

森本　そうですか。

石井　それから森有正の熱烈な研究家の小黒庸光さん。私、自宅に呼ばれていったら、カードボックスがずらっと並んでいる。森有正は、私も戦後かなり読んだから非常に興味があったんですが、単なる著作目録や書誌の枠をこえて、とにかく行動記録から放送記録まで全部を一冊にするという構想なので「人物書誌大系」に入らない。なんとか著作のところだけに絞ってくださいと言っても、自分の信念をつらぬくといって日の目をみませんでした。

大井　それは、年表にプラスアルファするというものですか。

石井　もっと徹底して、いつ放送したとかまた行動記録も対象としていた。どちらかというと金沢幾子さんの作られた書誌『福田徳三書誌』（日本経済評論社　二〇一一年）に近い形です。だけれど、その当時の「人物書誌大系」の収録方針とは違ったから小黒さんの森有正は入らなかった。

森本　いまだ森有正の書誌を継続されていますね。もう五〇年近くになるんじゃないでしょうか。

石井　それから国立音楽大学の松下鈞さん。この方は音楽家の書誌作成のリーダーです。ほかに平井紀子さん、吉田誠夫さん。それから企業関係では日本アイアールの山本修さん。

たくさんの方々との出会い、すごいですよね。あらゆる分野にわたり、様々な業種に拡がっていく世界です。ほかの学会や研究会では考えられないですね。実際にものを作っている人たちが集まってくるわけだから空理空論じゃない。

大井　非常に興味があるのが、人物を訪問して記事にするというもの。訪問先の人の選定はどういうところから出てきたのでしょうか。

石井　訪問する方たちが、この人がいいといって人物名を挙げるわけですよ。

大井　ということは、なんらかの形で繋がりを持っていたんですね。

石井　例えばね、寿岳さんの場合には大久保さんが心酔していらした。

このほか年一回の総会や研究大会もやりました。合宿で泊まり込みもやった。

森本　ここに喜多村政美さんの「書誌・索引の作成における電算処理」（「書誌索引展望」第二巻六号　一九七八年十一月）がありますね。

石井　喜多村政美さんは、書誌索引の作成における電算処理やＮＩＣＥ（キーワード自動抽出カナフリシステム）など日外の電算処理開発に尽力されました。
森本　本当にこの雑誌の柱の立て方は便利ですね。いちいち奥付を見なくていいんですもんね。
石井　喜多村さんの記事は読んどかなきゃ駄目だな。石山さんの「国立国会図書館編『雑誌記事索引』の三〇年」が同じ号にありますよ。
森本　二巻からがいろんな意味で面白いですね。
石井　この号は読まなきゃ駄目ですね。この雑誌はやはり面白いね。
森本　「書誌索引展望」、僕もこの間からずっと読んでいるんですけど、すごく面白くて、それに古びてないですね。
石井　考え方がね。
森本　そう、考え方が古びてないです。このコンピュータ時代になってもしっかり生き残っていますよ。
石井　そう。例えばね、計量書誌学というテーマをいち早く取り上げている。計量書誌学など誰もやってない時代に、こういう先駆的なテーマを取り上げている。テーマ性ということも付け足さなければね。注

注　「書誌索引展望」二（四）一九七八・七（計量書誌学の特集）

大井　日本索引家協会を作るという声はどこからあがったんですか。

石井　末吉さん、深井さん、河島さんなどその辺りです。

大井　「書誌索引展望」が出たときに、私は石井紀子さんがやっているんだと聞かされました。だから私は、石井紀子という名前は「書誌索引展望」で知ったんです。

森本　それは奇人変人という意味でしょうか。

石井　一筋に書誌を作ろうとかいう人は、やっぱりどっか変人でないとできない。常識人にはできない作業です。常識的な付き合いなんかやっている人じゃできない。私が辞書事典のことを徹底して調べたときに、感じたのは書誌や辞典などユニークなものを作った人は変人と言われる人が多い。

森本　確かにおっしゃられる通りかもしれませんね。

大井　やり始めるととことん追求する。それが終わるまで人が何を言おうと、それしかないんですよね。

石井　そう、本当に。

大井　「書誌索引展望」は、基本的には日本索引家協会、深井さんと佐野さん辺りが中心になったということですか。

石井　そうね。

森本　なぜ日本索引家協会がしぼんだのか解散したのかも、ちょっとお聞きしておきたいですね。

石井　電算処理でいろいろな索引が出るようになって、やっぱりある時代の役割を終えたじゃない、そういう時代の趨勢的なものがあると思う。

森本　カードからコンピュータへ、知のスタイルが切り替わったということでしょうか。

石井　インデックスとか書誌とか、そういうものがそんなに特殊な言葉でなくなってきたわけでしょう。内容は別として簡単に作れる手だてができた。熱烈なファンがいて、すべて手作りで、その人のすべてを追い続ける、そういうことは電算処理ではできない。ある人物の関係文献のリストを出してあげることはできても、全部現物を見て一つ一つ確認するなどの手法ですから、そういう意味でそれをカバーできるのは「人物書誌大系」だけですよ。

大井　「人物書誌大系」は、表面には出てきにくい、隙間にあるものをも見つめていたように思います。

石井　やっぱりね、本当に徹底してその人物に惚れてなかったらできない。毎日ね、あの人はどうしているかなと思って記事を探す。その人と一緒に生活しているように、フォローしなきゃ出来ないですよ。私が鶴見俊輔さんの書誌を作れないというのはそういうこと。

森本　北川太一さんの『高村光太郎』とかそんな感じですね。

石井　本当にね。そういう関心とエネルギーがないかぎりできない。個人の書誌というのは心底惚れてなかったらできないと思う。

森本　そうすると、十数年で日本索引家協会の使命も終わったと。
石井　そうですね。設立したのが何年だった？
森本　一九七七（昭和五二）年ですね。二〇巻の別冊号が出たのが一九九七（平成九）年三月ですから、その時を解散とすると二〇年ですか。
石井　そう。電算化が進んだからね。
森本　書誌を作ってきた人たちは、電算化によって作るのをあきらめていったんですか、どうでしょう。
石井　あきらめないと思う。だから書誌作成分科会（私立大学図書館協議会）は続いているし、深井さんは『文献探索』に発表されています。
大井　文化女子大学の平井紀子さんは、ファッション関係の資料の解題書誌を作成しています。
石井　日外に勤めていた田川浩之さんが金沢文圃閣という会社を興し、ぶ厚い『文献探索』を毎年出版していますが、その中に深井さんの指導のもとに作られた個人書誌が全部出ていますよ。
森本　社長の田川浩之さんが日外にいたとは初耳です。
石井　辞めて金沢の店を継いだんです。短いけど日外にいました。
大井　写真集を出されたり、いろいろなことやっていますよね。
石井　そう。戦時期のいろんな資料の復刻などもやっています。『文献探索　二〇〇二』は、佐野真さんの追悼文集と著作選集です。

森本　深井さんは今も月一回の例会をやっていらっしゃいますね。索引作りに興味ある人たちが、セミナーや勉強会をなされています。

『現代日本執筆者大事典』

石井　次に出版年でいうと『現代日本執筆者大事典』ですね。

森本　そうですね。いわゆるコンテンポラリー・オーサーズ（Contemporary Authors）という本を目指したんですよね。かなり大がかりで、一万人規模の著者を掲載している。

石井　一〇、七三三人を収録しています。

森本　この本と、当時、黎明期のコンピュータ編集の関係は。

石井　そうね。まず、これは創立十五周年記念出版です。

『現代日本執筆者大事典』(1978～1980)

それで、うたい文句はこの広告を見ているとね、〝文献が語る現代人物事典〟となっています。こういうものを作りたいなと思ったのは、当時アメリカのレファレンスブックを簡単に紹介したものがなかったのですが、最初に大阪在住の豊後レイコさんが作られました。長沢雅男さんが「書誌索引展望」に解題を連載されましたが、全分野にわたっての参考文献の目録は簡単なリストですら当時なかったんです。その豊後さんの作られたものを私はぱらぱらと見ていて、コンテンポラリー・オーサーズというツールを知ったわけです。

つくづく考えると、日本では、研究者を探すには略歴や人名録とかで探さなくてはならない。じゃあ論文記事はというと、紀要や国会図書館の「雑誌記事索引」を見なければ分からない。単行本はどんなものが出版されているかというのは、図書館のカードや『出版年鑑』などを見なければ分からないというふうに、ばらばらのツールです。ひとつひとつ見ないと、この人がどういう人で、どんな著作があるのか、さらにどういうふうに評価されているかなど調べるのが大変だったんですよね。いろんなものを調べないと駄目なわけ。アメリカのコンテンポラリー・オーサーズみたいに統合化できないかということを考えたわけです。そして十五周年の出版記念の企画に決まったわけです。

さあ、そこでどうやって、人物を選ぶかというのが二番目に出てくるわけです。とにかく活字を通して、同時代の社会に影響を与える人というふうな基準を描いたわけです。先行の人物人名事典というのは、知名度、著名な人とか功成り遂げた人とか、そういう人しか入らないわけです。通常、人名事典を作るときは、かならず、以前の人物事典にどういう人が載っていたかというのをまずチェックして、新しい人を少し足す。だから、みんな金太郎飴みたいなわけ。おんなじ選択しかないわけです。こういう選択の仕方を変える新しい視点はなんだろうかと、もっとニュートラルな選び方がないのかということで、文献計量的な視点という方向が出てきたわけです。文献計量的な視点というのは「書誌索引展望」でとりあげています。

森本　七八年の七月に出た第二巻第四号「計量書誌学特集」ですね。

石井　それじゃあ、並行していたんだ。そうした文献計量的な視点ですよ。文献計量学とはいわない。文献計量的な視点というのを入れよう。一九七〇年代に発表された人文社会科学分野の雑誌記事・紀要論文約七〇万件、十一万人の著者からそういう視点によって一万人の人物をセレクトした。具体的にいうと、例えば図書一点書いたら五点というふうに点数を与える。雑誌一点は例えば一点とか、二点とかね。それでカウントする。このカウントを総合して、ある点数以上で人物をセレクトするということです。まあ一万人に絞ったということは、おそらくボリュームとか、いろんな問題があったと思う。文献計量的視点というのは、考えてみれば画期的ですね。それまでの人名事典の選び方と全然違うわけだから、まったくここに新しい視点というか、まあ、日外らしさというのが出たわけです。

森本　当時、雑誌の書誌はすでにもう電算化されていましたか。

石井　いや、あれはね、カードでやっていた。記憶だとカードを全部著者順に並べた。『雑誌記事索引　累積版』を作っていく段階で、どの辺りから電算化したのかは喜多村さんに聞くしかないかな。

森本　先ほどの「書誌索引展望」の喜多村さんの記事には「組み合わせ機能およびlong rangeでのデータ反復利用にメリットありという判断で電算処理を採用した。」とありますね。続いて「この本は収録執筆者についての人物情報、すなわち、略歴、専門、職業、住所などと文献情報とから成っていて、文献情報の方はその人物を選定する基準になっている関係上、比較的早く原稿ができる。一方、人物情報の方は調査に時間がかかるので、文献情報を先に入力しておいて、後から入って来る人物情報と組合わせて完成させようということである。」とあります。人物情報と文献情報のマッチングに電算処理を行ったということですが、データの扱いについては記述がないですね。

石井　調べるときはカードなのよ。このときに長尾光代さんや伊藤博子さんが入社し、仕事に参加しました。

森本　はい。

石井　それと、カードに国会図書館の著者名目録で調べた図書が加わります。

森本　それら本の情報はどうやって集めたんですか。

石井　これから話すけれども、文献計量的に評価して一万人をノミネートするわけね。それから三番目が図書情報の入手はどうしたのかということです。ブックデータベース以前でしょう、だから国会図書館で調査をやったわけです。それは人海作戦でした。毎日五、六人のスタッフが国会図書館に行って、一日中著者名カードから書き写してくるわけ。

森本　いちいちカードに転記するわけですか。

石井　そう、写してくるわけ。それも立ちっ放しですよ。それで細川悦英さんなんかヒールのある靴なんか履いていられないので、国会図書館のカード目録の下のほうに専用のスリッパを置いといて履き替えていました。そうやって立ちっ放しで、とにかく調べてくるわけよ。雑誌記事索引のカードと図書カードを全部著者名順に排列し、雑誌論文は一・五点、図書は一冊五点とかカウントするわけです。ある基準点以上一万人を選んだということです。

私は文献情報部長だったから、国会図書館の雑誌記事だけでは片寄っていると思った。作家やジャーナリストも収録対象ですからプラスして、総合誌も専門誌も週刊誌からも入力しているわけです。だから週刊誌から一般誌や専門誌も入っている。

森本　凡例には、雑誌は「雑誌記事索引」を主として典拠としたとありますね。図書に関しては、確かに「国立国会図書館閲覧用目録」と書いてありますね。

石井　そう。そういう作業をやったのよ。大変な作業だった。そしてね、会社では狭いところにカードボックスが山のように並んでいるわけでしょう。そうすると、通るのにね、伊藤さんにしても長尾さんにしても、蟹の横ばいみたいにして入り込まないと入り込めないわけ。

森本　それから『出版年鑑』も使っていますね、こちらは一九六六（昭和四一）年から一九七七（昭和五二）年まで。次に『日本書籍総目録』。これは確か七七年に初めて出たんですよね。それを利用していますね。

石井　だけど『出版年鑑』は著者名順に並んでない。としたら、それを補助ツールとして使ったのかな。

森本　それともカード化したんでしょうか。

石井　いや、私が覚えているのは、何よりも優先したのは国会図書館のカード目録よ。でも国会図書館に書籍が納本されてない人がいるかもしれないでしょう。だからそういう場合に、こっちを補助ツールで調べたのかな。それは、ちょっとそこまで私も覚えていないけれど、凡例にそう書いてあるとしたらそうよね。大変な作業だった。だって一日中立ちっ放しよ。朝から晩まで変な人たちが毎日やってくると、国会図書館も驚いただろうね。

森本　そうすると、コンピュータ処理は人物情報と文献情報のマッチングの他、大日本印刷で電算写植しますよね。そのファイルからキーワードを取り出したとかの処理もされたんでしょうか。

石井　違う。キーワードはまた違う。私が索引の作り方について発表しています。人物情報はすでに人物情報部でせっせと作っているわけですから、その人物情報と人物研究と略歴のリストを付けて、確認のためにアンケートを送るわけですよ。

ご本人の問い合わせではいろいろなエピソードがあります。ご挨拶依頼文というのは大高利夫名で出したわけでしょう。

森本　はい。

石井　そうしたら元共産党員で後に離党して、おそらく除名されたんだと思うけれど有名な人だったですよ。その方から、大高という人から手紙が来たが、この人は過去に自分を売ったやつだからそんなやつのアンケートに答えられるか、とクレームがくる。

有名な音楽評論家の吉田秀和さんもね。水戸芸術館の館長もやった方ですが、人物研究文献の中に自分に批判的なものが入っている。なんでこういうものを選んだのか、釈明に来いというわけ。しょうがなくて鎌倉へ行ったんです。鶴岡八幡宮に向かうところの道からちょっと入ったところにあった豪邸ですよ。すごい門があって、まずその門のガードが固いのね。そこでアナウンスしないと開かない。門から玄関まですごい距離がある。私が行ったとき、他社の編集者も来ていましたので、二人でもってそこで応答して、やっと入れてもらったのね。門を開いたら離れがすぐ横にありました。そこで待っていたわけね。詳しく説明をして、じゃあいいでしょうということで納得していただきました。

それからね、自分はめでたく選ばれましたが、息子もぜひ入れてほしい。豚児をよろしくと文献リストを付けて送ってきたとかね。他にはね、自分の指導教授は選ばれていないといって、助教授の人が選ばれて困惑しているわけよ。大体当時、教授になると論文を書かないんですよね。だから当然なのね。そういう世間体じゃなくて、計量的にやった結果、教授の方は論文を書いてない。論文がないということは、どんなに偉くても社会的に影響を与えていないということなんですよと回答しました。

また、有名な作家ですが、生年月日が間違っていた。それはね、たまたま新聞の記事に、その人の生年月日が二通りあるというのが載ったのね。だからこれは絶対確認しなきゃいけないと思って、電話をかけて、申し訳ないんですが生年月日は大丈夫でしょうかと言ったら、いや違っているというわけ。この本が出るということは、こういう形で評価されるということは初めてのことですから、やっぱり研究者にとってはすごく怖いことだったというか、革命的だったんじゃないですか。

それで、これは褒めたことかどうか分かりませんが、この『現代日本執筆者大事典』は文部省の調査の、唯一の有力なツールになったと聞いています。この一冊で経歴から著作から人物研究に至るまで分かるツールですから。まさに十五周年記念にふさわしいツールでした。

大井　『現代日本執筆者大事典』、そこで取り上げられた方に内容の確認をお出しするわけですよね。その方たちはこの本をお買いになったのでしょうか。

石井　さあ、そりゃあどうだろう。買える値段じゃない。割引きしますとか、そういうピーアールはしなかった。

大井　帝国データバンクは、名前を出すと購入依頼の手紙が来ると聞きました。

石井　興信録でしょう。選び方が違うからね。興信録に載ることは名誉なわけ、家族歴なんかも掲載されるからね。

大井　こちらを買ったほうが良かったかもしれません。

石井　いやあ、でもどうかしら。見るの、怖いんじゃないかしら。あいつが選ばれて何故俺が落ちたかとかさ、そういうことになっちゃうんじゃないの。だから、これが文部省にとっては有効なツールになったわけよ。

大井　研究業績が出ますからね。

森本　まだ『研究者・研究課題総覧』がなかったときですよね。

大井　ないときです。提出した本人の履歴書しかなかったのではないかと思います。

石井　小論文と図書は付けるが、文献の詳細がそんなに付いているわけでもないでしょうね。

森本　研究履歴書みたいなものですよね。

石井　そう履歴書。人物研究もないでしょうから。まあ日本初というものを作ったわけです。それは相当社会的な影響があったんじゃないかな。おそらくいろんなところで使われたと思う。文科省以外にも新聞社とか出版社など、いろんなところで使われたと思います。あらたに原稿を頼むとか、どういうものを書いているかとかね、そういうのを調べるのに便利でしょう。日外の場合は、人物情報と一緒に著作が調べられるじゃない。これこそデータベース検索の基本ですよね。さらに人物研究も分かるということね。

人物の個人情報的なものも含めて扱うということは、なにか人間模様というのかしら、それが分かるツール作りでしたね。

大井　親の気持ちは分かりますけどね、「豚児をよろしく」っていうのは。

石井　全部、リストも送ってきたわけよ。

森本　この豚児さんは収録されたんですか。

石井　載らないわよ。とんでもないわよ。

五番目に制作方法なんですが、人物情報と文献情報を別々に入力したわけ。人物情報はアンケートの結果を待たないと入力できない。アトランダムです。だから別建てとし、著作文献のほうは、確認が済めば別に入力できるというわけです。さあこれをどうするか。大日本印刷でも電算写植組版はやっていたけれども、編集作業にコンピュータを使うということがなかったわけですよ。

森本　はい。

石井　それで今みたいに、番号のほかにね、例えば姓の漢字をマッチングさせるとか、読みをマッチングさせるとか、同じだったら名前のほうをマッチングさせるなど、そんな技術はないわけです。開発してないわけだから。従って背番号以外にマッチング方法がないのよ。

森本　背番号ですか。

石井　これ大変でしたよ。背番号方法。それで毎朝、私は訓示をたれるわけ、番号を間違えたらこの商品は全部捨てることになるんだよ、大変なことだよと。これを作るのにすごいお金かかってい るんだから。だから6と9は間違えないようにと、具体的に数字を示して、厳しく、厳しく毎日毎朝言ったわけ。それで最終的にマッチングしたわけですが、そしたら二つぐらい不具合が出たのかな。それ以外はもう全部マッチングがきちんとできた。

その二つというのはね、「オオシマタカオ」さんと、もうひとりは名前を覚えてないけど「オオシマ○○」さん。二人とも法政大学の先生でご専門は経済学なんですよ。それで、その論文の内容がね、きちんと仕分けされていないところがあった。それだけにもう一回見直して仕分けし直さなきゃならなかったんだけれども、それ以外はなかったですよ。なんとも奇跡的でしたね。

大日本印刷もこれでずいぶん自信を得たんじゃないかと思いますよ。非常に熱心な担当者だったから。

森本　背番号のマッチングとアイデアは、日外からの提案ですか。

石井　いや、両方で考えたと思う。背番号以外にやれないんだから、もうしょうがない。どっちにしても番号というのは、管理するため全部振っていたから。それでやろうということになって、もう本当に冷や汗もんだったわよ。

それで、版下が出たら柱がうまくいってないのよ。しょうがないから手作業で貼り直そうとなって、男性社員たちが柱を貼っていったら、その柱が間違っているじゃない。まあ、いろいろとありました。

最後に索引作りですが、「『現代日本執筆者大事典』第五巻　索引について」は「書誌索引展望」(四巻四号　一九八〇年十一月)に詳しく書いてあるから読んでほしい。

森本　はい。

石井　索引は大変だった。索引に時間がかかったのよ。だから完結が一年遅れているでしょう。井上如さんが関わって下さって、井上さんの息のかかった連中で図書館の司書の方や学生とか、そういう方たちが手伝ってくれました。これも手作りだった。

森本　そうですね。というのは、僕が『現代日本執筆者大事典』の第三期を担当したのですが、そのときも索引に関しては手作りだった。全部僕がキーワードをチェックしました。三期はかなり進化していて、NICEで切り出した言葉の適正チェックと必要なキーワードを付け足すという作業でした。

石井　当時は手作りよ。「事項索引」というのが一番大事だったわけですよ。キーワードで引けるということです。事件名、書名、一般件名から人名まで入っているわけでしょう。一件名のもとに、平均五～一〇人の人物が集まるよう、作業方法は四人のインデクサーに協力を願って、一巻ずつ分析し、収録されている執筆者一人一人に必要な件名を索引付けし、カード化していったと書いてあります。だから手作りですよね。これもね、井上如さんがキャップになってくれて、事項索引の件名付けの困難な作業に協力されたのは立教大の牛崎進さん、文部省の大埜浩一さん、野村総研の山田奨さん、それから早稲田の山本ちえ子さん。この方たちが、一巻ずつ分析して、一人一人の執筆者名に必要な件名を、例えばマルクス経済学とか、資本論とかそういう件名付けをしていった。それで、一人当たり大体平均三件の索引付けを行った。件名標目表がないから作業と並行しつつ、シソーラスを作り上げていったわけね。その調整が大変だったということですね。

『日本十進分類表』（新訂8版）の「相関索引」を利用したと書いてあるんですね。『基本件名標目表』とか、国会図書館の件名標目表、これは論文に向かない。それ以外に使ったのは、NDCの索引も参考にしたと書いてあります。結構いろんなものを参考にした。

それで電算によって、入力済みの経歴事項から専門活動分野のリストを打ち出して分析し、あらかじめ膨大な人数が集中しそうな件名はできるだけ細分化したと書いてありますね。

結構やったんだね。NDCの「相関索引」の用語にマーク付けをして、二、二七一件を共通件名とした。それに事件名とか、書名とか、自由に新しい件名をインデクサーによって追加し、三万枚のカードに対して一一〇、二八三件名を付与したとありますね。細かいね。十万以上の件名を付与している。三万枚のカードがあったんだ。日外ではこの頃三万枚位は大した圧力ではなかったんだね。

森本 どうなんでしょうね。

石井 だってね、一箱三〇〇枚入ったとして一〇〇箱。気が遠くなるわね。大体一件名八人ぐらいの人物が検索される。つまりそういうグループとして「事項索引」が使えるということを狙った。一人一件名じゃしょうがないでしょう。だから、頻度一の件名は足切りを行った。磁気テープに入力して、人物情報と文献情報とに分けて、それから執筆者の個別番号により両方の情報をマッチングした。さらに電算組版によって制作したのです。索引も電算によって作成したが、調整作業に必要な「人名索引」「事項索引」はすべて電算化し、著者名の画で並べるとかは自動的にできるから使った。別名、本名索引の原稿は手作り。人名索引と事項索引は人力と電算の組み合わせ。あらゆる手段を使って作ったということですね。

それで私ね、今でも覚えているんだけどね。最後の詰めの段階でどうしても泊まり込み徹夜をしなきゃならなかった。今、社長室がある七階かな、そこにこもって寒かったのかな、がんがん石油ストーブを焚いて、一人残って作業をやった。徹夜したのよ。そうすると怖いんだよね。ビルの中に、夜中誰もいないところで一人こもっているというのはすごく怖かった。ドアを全部閉め切ってやったんだけど、物音がすると本当に怖かったね。

大井　それは最終校了のときですか。

石井　そうそう。この方法で索引作業が約一年かかったんですよ。

それで、今も懐かしく思い出すんですが、索引ができましたよと佃実夫さんの墓前に供えに行きました。彼がいてくれたら、もっとユースフルなものができたと思っています。

日本索引家協会編『書誌作成マニュアル』

石井　今日は、日本索引家協会が設立されて、その初仕事である『書誌作成マニュアル』から始めましょう。協会としての初仕事でした。この本のライターの方々は日本索引家協会の幹事ですね。ほとんど幹事が書いて、あと長沢雅男先生のお弟子である戸田慎一さんが入っているのと、日外アソシエーツで印刷担当だった吉井正さんが入っているという構成になっています。

『書誌作成マニュアル』(1980.7)

序文は長沢雅男さんが書かれたのですが、ちょっとわかりにくいですよね。序文を読むと、書誌というものに対する一般的な関心が非常に低く、さらに多くは我流で作っている。図書館で作るとしたら独自の方針の下に、あるいは利用者の依頼を受けて作成する責任があるとあります。

図書館側から作り方をきちんと知りたいという要望に応じて、それに応えるということもありますが、書誌全体の作成の全般について記した総合的な本がないために初仕事となりました。手作り書誌に焦点を合わせた、基本事項というものがここにまとめられたということです。

森本　そうですね。

石井　それ以上これについては詳しく言うことも無いかなと思っているのですけど。ここに持ってきた稲村徹元さんの『索引の話』は日本図書館協会から出版されました。この本と対になるものと言えるかもしれません。

福島鑄郎《じゅうろう》・大久保久雄編『大東亜戦争書誌』

石井　次が一九八一（昭和五六）年の『大東亜戦争書誌』ですね。

森本　ここにあるのは復刻版です。元の本はもうボロボロになっていました。

石井　そうでしょ。私が福島鑄郎さんのことを知ったのは一九七二（昭和四七）年に刊行された『戦後雑誌発掘』です。毎日出版文化賞を受賞されたので、これを手に取って福島さんのお名前を知っ

『大東亜戦争書誌』（1981.10）

たわけです。とにかく徹底した収集に基づいたものでしたので驚きました。私はちょうどその頃、都立図書館を辞めて、緒方事務所で『朝日新聞インデックス』を作成していた頃でしたので、非常に関心を持ったわけですね。新聞だけじゃなくて、雑誌とか様々なメディアについて関心を持ったわけです。特に戦後という時期に、読者がよく読んでいたのは「真相」などの雑誌でした。そういう類の雑誌がどのように記載されているのか興味があって、『戦後雑誌発掘』を手にしました。

福島さんは、雑誌収集のために神田神保町の会社にガードマンとして勤められたわけです。神保町は古い資料が手に入る古書街ですよね。その界隈にガードマンとして勤められ、徹底して雑誌の収集に力を尽くした方です。私は「東京堂月報」（後に「読書人」と改題）を入手して、これに掲載されていた「支那事変関係記事索引」、それから「第二次欧州大戦関係記事索引」を見つけ出すわけです。

森本　当時からそういう索引があったわけですね。

石井　作られていました。これは序文に書いてあるのですが、戦争を語り継ごうという運動が盛んになっているけれど、いわゆる体験談を記録する物が多くて、あの時代の状況をマスコミや活字で発表された文献を元に再現することはほとんど不可能であると。焼けていたり水がかかったりして駄目だと。

当時、取次業を兼ねていた東京堂から発行されていた新刊案内のPR誌「東京堂月報」は、一九三七（昭和十二）年九月号から一九四四（昭和十九）年四月号までしかカバーしていなかったので、このあと十二月まで一三〇誌の雑誌から採録追加し『大東亜戦争書誌』三巻を編集しました。

森本　やっぱり何事にも先達はいるのですね。

石井　その存在価値は一部記者の間では注目されていたけれども、図書館で保存している所はほとんどないという状況だったんですね。この類のない業績を発掘して一般の利用に供する為、多くの方々の協力を得て完全に収集するのに一〇年の歳月を要したということです。

しかも一九四四（昭和十九）年四月から十二月については、福島さんが雑誌の現物そのものから記事を採録してそれを足したんです。もちろん国会図書館の「雑誌記事索引」なんか作られていない時代ですから、当時の資料はこれ以外に無いんですよ。

森本　「プランゲ文庫」の索引データベースを作られた山本武利先生（早稲田大学）が福島先生は素晴らしいお仕事をなされたとおっしゃっていましたね。

石井　そうだと思いますよ。やっぱりコレクターというのは、運命的に資料との出会いがある。その人が熱心に収集をやっていると大切なものに突き当たる。それがすごいことだと思います。一〇年を掛けたんですからね。そういう意味では、コレクターの執念というのはすごいですよね。どなたかが書いていましたが、いわゆる収集家から研究者への道を辿られたけれど、在野の研究者の研究者魂というのがここに籠もっていると。その通りだと思います。

森本　大久保久雄さんとの結びつきは何だったんでしょうか。

石井　大久保さんに聞きました。二年前にお会いして、それ以来お会いしてないんですけれど、お元気です。一九六五（昭和四〇）年頃、『日本出版百年史年表』の索引作りを手伝っている時に、布川角左衛門さんから雑誌をたくさん収集されている方が藤沢にいると教えられて訪ねて行ったそうです。それ以来、コレクションのことや、古書店に行ったりして付き合いが深まったという話をしていました。『大東亜戦争書誌』は福島さんのアイデアだったと、いうことでした。

森本　そうすると大久保さんは書誌の体裁を整えたり、いろんなサポートをなさったんですね。

石井　付き合っているうちに、図書館屋だから分類したりとか仕分けしたり、索引づくりとか、そういうことはお手のものですから、そういう面でお手伝いをしたのだろうと思います。国会図書館の「雑誌記事索引」は戦後ですから、これはほんとに戦前の唯一のツールだと言っていいわけです。特に時代的背景を考慮すると、類書がない貴重なツールとして残されたものと言えると思います。

《戦時下の言論》

石井　何故、私がこのことに非常に興味を持って『戦時下の言論』にまで至ったかというと、私は一九五四（昭和二九）年から思想の科学研究会の転向研究グループに属していたわけです。だから私にとっても自分の生き方にかかわるテーマだったわけです。大政翼賛会にかかわった有馬頼寧、ジャーナリストとして活躍した室伏高信、当時の流行っ子ですよね。この人たちの個人研究も行っていました。この『共同研究　転向』は去年から今年に掛けて平凡社の『東洋文庫』に入りました。全六冊ともです。『東洋文庫』として出版されたことは、既に古典になったという意味ですが驚きました。

転向研究への関心があったものですから、普通なら『戦時下の言論』は『大東亜戦争書誌』の著者名索引で終わるのでしょうけれども、執筆者名でもって全部記事をまとめ分類できたら、絶対に戦時下の言論の軌跡というものが明らかになるだろうと思ったのです。例えば市川房枝を引けば、戦時中にどういう言論活動をしていたか分かるわけです。

森本　何を発言したか一覧できるわけですね。

石井　ほとんどの人が転向した時代ですからね。戦中誰が、いつ、どこに、何について発言したかが一目で分かる。支那事変勃発から大東亜戦争末期にいたる歴史的状況下で、政治家、財界人、文化人、軍人など約二万人の言論活動が、文献で実証しうる唯一のツールです。転向研究のことが私の頭になかったら、単なる「著者名索引」で終わったかも知れない。例えば有名な高村光太郎は、戦中感激的な和歌を読みました。『戦時下の言論』で高村光太郎の頁を開いてみてください。「彼等を撃つ」とかありませんか。

森本　ここにありますね。他に「週刊朝日」には「全国民の気合—神聖性と全能力を発揮せよ」なんていうのもありますね。一九四四（昭和十九）年七月の戦争末期ですけど。

石井　あの時代、ほとんどの人が巻き込まれざるを得なかった。そうでなければ生きていけない。ペンを折らなければならない。雑誌の紙も全部配給制でした。そういう時代ですから、体制にほとんどの言論人は従わざるを得なかった。でもね、高村光太郎は、戦争が終わってから自分の軌跡を恥じて、私も行って来ましたけど、花巻の奥の山小屋、冬には雪に閉じ込められるようなところですよ、そういう辺鄙なところに籠ったんですよ。

森本　確かに貧しい程の生活の場所でしたね。なぜ高村光太郎のような著名人が、こんな山奥のオンボロ小屋に住まなくちゃいけないのか、と私も思いました。

石井　そうです。だからやっぱり転向は大きいことだったんですね。

森本　戦後、転向というのは一番大きな思潮でしたからね。

石井　そうなんですよね。だいたいどれぐらいの記事件数が収録されているのかな。

森本　『戦時下の言論』の人名見出しは一九、八七六人となっています。これには文献数は記載がないですね。『大東亜戦争書誌』には八・三万件記事と載っています。

石井　無署名記事が『大東亜戦争書誌』には載っているので、『戦時下の言論』はもう少し少ないでしょう。それで私は、この帯文は絶対、鶴見俊輔さんに書いてもらおうと思って頼みました。その帯の原稿は、「私たちは今の自分にとって都合の良いところに故郷を求めたがる。しかし一九三一（昭和六）年から一九四五年（昭和二〇年）までの戦争時代はうたがいようもなく、私たち日本人にとっての故郷である。その故郷の地形を知り、その時代の先人の精神の動きをたどり直すことは、私たちの現在と未来を見さだめるため必要な仕事である。この時代の著作を今の自分の都合にあわせて簡略化せず、くりかえしもとの影にもどってとらえなおすために、たよりにできる地図が、福島鑄郎・大久保久雄編の『戦時下の言論』である」と。こういういきさつだったのですよ。

これは出版された時あまり評価されなかったのかな。それで、周知をかねて大久保さんが「日本古書通信」で福島さんと私も呼ばれて対談をやったと言っていらっしゃるのですが、私はまったく記憶にないんですね。

大井　私も現物に当たって調べてみたのですが見つかりませんでした。「日本古書通信」ではないのかもしれませんね。

石井　勘違いかしら。この『大東亜戦争書誌』は賞を貰ってもいいぐらいだけど、おそらくこういうものはもう出ないわね。

森本　時代を対象にした書誌ですからね。これを使って別のものを編集し直すとか、読み物にすれば賞もまた可能性があったかもしれませんね。

石井　雑誌の発掘から始めて、出版まで一〇年を要しています。単なる「著者名索引」ではなくて『戦時下の言論』、こういうふうな構成をすると、違う見方ができ違うツールになるということですよね。これ見ていると、面白いって言ったら失礼だけど面白いです。

森本　この春『大東亜戦争書誌』を「マガジンプラス」（雑誌記事論文データベース）に入れさせて頂いたのですけど、問い合わせがあっても現物が見つからないですね。

石井　現物持っているところが少ないでしょう。国会図書館にも無い雑誌が入っているからね。

森本　収集された雑誌もコレクターがいなくなると散逸してしまいますね。

石井　福島さんの文庫はどうなったんだろうね。

大井　福島さんがお亡くなりになられたときに、大久保さんが奥様にお話しされて早稲田大学図書館へ貴重書として寄贈されたそうですよ。

石井　それはよかったよかった。類い希なコレクションが散逸しないで未来につながったのですからね。あれは貴重なものです。現物が無ければしょうがないものね。どんなこと書いてあるか読めない、ということになりますからね。後で考えると、この編集はすごくいい仕事として誇りに思います。

森本　「プランゲ文庫」が公開された時に思ったのですが、欧米人は記録としてきっちり残すという文化があるんですよね、ところが、われわれは記録も過ぎ去ってしまえば終わりと、水に流してしまいます。

石井　だいたい日本人はそうだからね。だから「朝日新聞」の索引を作ったのはそこなのよ。「ニューヨーク・タイムス」のインデックスは、例えばトルーマンを引けば全部彼が言っていたことが出てくるわけでしょ。索引上で読み取れる。現物を確認しない限りは駄目ですが、この書誌だけでもこういうふうな変遷があるということは推測できますよね。ほんとうに典拠となる雑誌が保存されていたというので尚更ですね。

森本　ただ『戦時下の言論』があるだけでも当時の手掛かりが摑めます。

石井　研究者にとっても貴重なツールだと思います。福島さんたちの編集と私の個人的な研究との合点みたいなのもあるんですね。

森本　それで初版が絶版になった時に復刻版を出されようとした訳ですね。

石井　そうなんですよ。

森本　思い入れがあったということですね。

石井　大高さんがどんなふうに考えていらっしゃるかわからないけれども、日外アソシエーツは日本初とか世界初のもの作ってきた、これなんかほんとに貴重な記録として、ドキュメントとして残すということの、まさしく貴重な宝です。それもデータベースとして残すということの貴重さ。それこそ情報の日外というか。データベースカンパニーというのは、手作りのデータベースを作り支援するところから始まった。その意味でのデータベースカンパニーでもあるんです。

森本　歴史の中で朦朧とした時代の索引が発掘されたり、そうしたものへ手がかりとなるような索引を作ることができればいいですね。ところが近年は、全てデータベース化されていて、そのデータベースが万全なのか一部なのか不明なことが多いですし、新たに目録が作られても出所がデータベースでは新味はないですね。

石井　だからこの前も言ったように、手作りの個人書誌が絶対に残るというのはそういうことなのよ。それから地方の物ね。大久保さんが一生懸命に取り組まれている地方の資料ですよね。地方の人名とかね、地方新聞の隅々までデータベース化されているわけじゃないから、落穂拾いじゃないけれどデータベース化された隙間をぬったものというのかな、そういう隙間が埋められて初めて情報の地図というのができると思うんですけれどもね。そういう意味で、これは私としても忘れ難い仕事でした。

森本　モニュメンタルなお仕事だったということですね。

石井　後で考えればね。その時は無我夢中だった。

森本　商売としての道具の編集と、石井さんご自身の個人的な思い入れが織物になったという訳ですね。

日本フランス語フランス文学会編『フランス語フランス文学研究文献要覧』

石井　次が『フランス語フランス文学研究文献要覧』ですね。これは一九八一（昭和五六）年に全五巻出たのですが、四年の歳月を費やしました。

『フランス語フランス文学研究文献要覧』(1984.1)

森本　そんなに前があったのですか。

石井　費やしたんですよ。帯にキャッチフレーズとして「四年の歳月を費やして完成した。戦後の研究成果を俯瞰する総合書誌」と書かれていますから。

森本　出版されたのが一九八一（昭和五六）年ですから四年引くと一九七七年。入社が一九七六年の六月ですから、ほぼ日外に入られて少し経った頃から関わられたのですね。

石井　ほんと。なんか夢見たい。そうか、「雑誌記事索引」が分野別にA・B・Cという風に出版されたじゃない。その時にフランス文学は、フランス文学でカードをまとめたんだと思います。一番大きな特徴というのは、他の文献要覧の編者というのは、個人あるいは研究グループです。このフランス文学については日本フランス語フランス文学会、つまり学会の継続事業として公認されたんです。これが全然違うところなんです。止めるにしても学会の議事にかけなければいけない。

この背景にはフィクサーがいたわけですよ。何故これが可能になったかというと、杉捷夫先生という大物の学者がおられたからです。この方は当時、岩波文化人を代表する方でした。この方の鶴の一声があったからだと思います。頼まれた方々は助教授クラスなのね。そんな大先生から頼まれたら嫌と言えないじゃないですか。研究者は書誌作りなんかやっても業績にならないよな、と言っておられました。

杉先生と私の出会いというのは、一九六九（昭和四四）年から一九七二年まで東京都立中央図書館の館長でいらしたときです。当時、都立中央図書館を建設するために大変なご苦労をされました。一九六七（昭和四二）年に美濃部都政が実現した時に、美濃部亮吉さんが杉先生を館長に選んだのですよ。

森本　そうなんですか。

石井　美濃部さんに頼まれたら嫌と言えないわね。美濃部さんも岩波文化人の一人でした。美濃部さんの最初の秘書は、岩波書店の方でしたからね。杉先生は大変真面目な真摯な方でした。だから一生懸命、図書館のことに尽くされました。毎朝、新館を作るために整理体系をどう変えようかとか問題ばかり出るわけです。全部改革しなければならない。

新しい図書館構想は今までの、いわゆる区立図書館並みの日比谷図書館の線上にはなかったですね。調査図書館としての機能を持たせるためにはどうするか。日比谷は徹底して貸出図書館へと、新しく有栖川に建てるものは調査図書館としての機能を果たすということになりました。それを満たすために何をどうするかというふうなことが毎日毎日課題としてふりかかるわけです。

毎朝ミーティングが開かれ、杉先生は必ず出席されました。例えば、杉先生から整理体系を改革したいと言われれば、私は当時係長でしたから、こういう構想でこうやりたいということを発表するわけです。そのミーティングは誰でも参加できました。参加したい人は誰でも意見も言えるという、非常に開かれたミーティングでした。いろんな改革についての説明と意見交換の場に、毎回熱心に出られました。その話に耳を傾けられたんですね。都立中央図書館で特に指示されたのは中国資料の収集です。

森本　そうですか。中国資料を。

石井　もちろん洋書は比較的集められ充実していましたけれども、全然手の付いてない中国資料の収集というのを指示されたのです。

それから杉先生が偉かったのは、すごく目線が高くて下々とは合わないような人だという噂だったのけれども、そうじゃなかったですね。市区立の図書館の館長が来れば必ず会われ、特に、その館長たちの意見を聞いて都立中央図書館に反映させるようなこともやられました。それから、大きな成果というのは、多摩の市立図書館とか町立図書館が今のようにきちんと育ったのはこの時からです。美濃部さんと相談をして、市区立図書館の資料収集が大変なら資料費を補助したり、新設図書館の建築費を補助しました。そういうふうに東京都がどんどん補助したわけです。それでやっと今の三多摩の図書館というものが振興されたわけですね。

というのも、日比谷でお話されたのですが、中央図書館を建てる時の理念は、第一線図書館が充実してなくて、なんで第二線図書館の機能が果たせるかということでした。当然中央図書館と同時に第一線図書館の充実ということが両輪としてありました。それがポリシーとしてあったんです。杉先生はそれを実行されたわけです。

森本　一九七〇（昭和四五）年頃というと、レファレンスツールもほとんど無いような時でした。調査図書館を作るという理念は、杉先生が資料収集で苦労なされていた経験などもあったのでしょうか。

石井　研究者として必要なツールが無いことはよくご存知でした。資料の収集を非常に大事になされた方ですからね。彼の理念として、後にフランス文学文献センターを準備されましたから、強い思いがあったと思います。そういう推移があって一九七七（昭和五二）年から編集を開始したわけですね。
編集事務的な仕事をこなしたのが、日仏会館の司書の岡田恵子さんでした。フランス語がペラペラでしたからね。この方が核となったんです。学会との架け橋みたいなことや先生たちとのパイプづくりは彼女がやられたと思います。編集メンバーを見ると杉捷夫先生、中條忍先生、支倉崇晴先生、風間研先生、岡田恵子さんです。支倉先生は有名な支倉常長のご子孫なんですよ。

森本　そうでしたか。

石井　風間先生も若い方だし、中條先生はなかなか苦労人の先生でした。確か東大ご出身でいらしたと思いますが、非常に気働きのできる方でしたね。この方々が杉先生を除いて実務をやったわけです。平日の作業じゃなくて、編集作業は先生方がお休みの土日なんですよ。だから私も、土日も出勤していました。

森本　休みがほとんど無かったんですね。

石井　そうだわね。この先生方はこの前も話したように大変なグルメなのよ。

森本　フランス文学者＝グルメ、納得します。

石井　だからお昼のランチを楽しみにしていました。日外で何を食べさせてくれるかって。とんかつの美味しいお店とかそば屋とかフグの美味しい店とかありましたよね。だから大森界隈の美味しいお店を次々に探すのに大変でしたね。そういう思い出があります。

森本　面白いお話ですね。

石井　そうやってできあがった文献要覧でした。必ず学会から編集担当の先生方が出るわけですよ。そうやってバトンタッチがなされ繋がっていったわけです。今も続いていますか。

森本　今も続いています。昨年『二〇〇五〜二〇〇九』版が出ました。

石井　学会事業だからですね。やっぱり、こういう書誌は止めたらどうしようもないわね。多分これが一番続いているんじゃないの。

森本　その他に、当時からだと日本文学の現代文学と古典文学、英文学が刊行されています。

石井　そうですか。学会の事業として出版することはすごく大きな意義がありますね。

森本　『日本文学研究文献要覧』も『英米文学研究文献要覧』も学会編ではないですからね。

石井　杉先生のお宅に何度も伺って打合わせを行いました。これは余談ですが、奥様が必ず横に座るのね。奥様もやっぱりグルメ。東大の先にある羊羹屋で有名なところあるでしょ。江戸時代からある老舗。

森本　藤村ですか。

石井　そう藤村。

森本　今はもう無くなっちゃいましたけど。

石井　そこの羊羹が美味しいのよとか横で言いながら、いろいろとお茶を入れてくださるのよね、お子様がいらっしゃらなかったから。とにかく不思議な書斎でした。六角形みたいな角のあるお部屋でした。グランドピアノが置いてあって壁には本が詰まっている。その隅の方にみんなかしこまって座って打合わせをやるのですけど、それが可笑しかったわね。

杉先生を館長に選んだ時に、佐藤政孝さんが軽井沢の別荘に頼み事に行ったら、ベールを被ったご婦人が現れ、それが奥様だったとかそんなお話を伺いました。佐藤さんは後の杉並区立図書館館長です。日比谷図書館開館の際に専門職としての司書採用の道を開いた方で、図書館野郎といってよい方です。

この奥様が病気になられてから先生は大変でした。介護に私財をほとんど投げ打ったというお話でした。杉先生のお葬式にも出ましたけれど、最後はお弟子さん達が心配してお世話をしていらしたそうです。杉先生はたいしたお方でしたね。ああいうふうに真摯な学者に接することができて、ああこれが真の学者なんだという思いを新たにしました。名誉が欲しいということと全然違っていました。

文献要覧も日外の大きな財産です。学会が後押しするものはこれ以外ないわけですから、大きなことでした。考えてみれば大高さんも随分幸せな方ですね。

森本　ご自分でも運がいいと言っていますね。

石井　運がいいと思う。確かにね。

「人物書誌大系」シリーズ

石井　次は人物書誌大系ですね。一九八二（昭和五七）年に『徳永直』（「人物書誌大系1」）を出しました。浦西和彦さんが編集されました。「人物書誌大系」の全体的な企画そのものは、一九七七（昭和五二）年日本索引家協会が設立された頃から深井人詩さんが提案されていたと思います。

森本　深井さんが、そもそもから関わっておられたのですか。

石井　私も今回ちょっと調べてみたんですが、「書誌索引展望」に深井さんが「書誌索引案内」を連載されていらっしゃいました。その中が主題編と人物編に分かれているんです。はからずも見ていて思ったんだけれども、人物の個人書誌が全部ここに紹介されているんですよ。例えば瀬戸内晴美についてな

『人物書誌大系』シリーズ

ら、『瀬戸内晴美の世界』が創林社から出版されていて、その巻末に著作目録とか作品年表とか主要参考文献が載っていて、その本を編集したのは小久保実さんだということもわかるわけね。

「書誌索引案内」の〈土岐善麿〉を見ると「短歌」という雑誌の二七巻六号。一九八〇年六月号の二〇二～二一八頁に「「歌集改題年譜」冷水茂太」と載っています。土岐善麿さんの人物書誌大系を作るために、私が頼みに行ったのが冷水さんです。この方は日産の管理職で、九段坂上の日産ビルに通いました。あの方の研究についてはこの方が適任者ですよということを、深井さんが全部教えてくれた訳ですね。既にもう深井さんとしては、ここら辺のお仕事は集大成されていますね。全部現物を見ていらっしゃるわけだから、編集者にはうってつけのツールだと思う。

宮武外骨も出したかったのね。宮武外骨については、吉野孝雄さんという方がやっているというのが「書誌索引案内」でわかります。けれど吉野さんじゃなくて索引家協会のメンバーの若い方がちょっと名前を忘れたのですが、宮武外骨をやりたくて試みたのですが本になりませんでした。吉野さんとの問題があって駄目になりました。「書誌索引案内」は全部現物を見て作っていらしたのだから、その信頼度から大いに活用させて頂きました。

森本　そうでしたか。編集者の玉手箱ですね。

石井　必ずいるわけです。マニアとかファンが。その一人でした。

こうやって見ると、当時からこんな書誌を作ったり、ある人の物を集めたり記録を残そうとしていた人達がかなりいたということですね。

森本　恐るべし趣味人とファンの世界ですね。

石井　そうです。それが深井さんの元に集まってきました。冷水さんの『土岐善麿』（「人物書誌大系5」）は内容的には不慣れな点が多くて、私はあまり充実した書誌ではないと思っていましたので、かなりいろんな注文出したのを覚えています。冷水さんはお気の毒に肺癌にかかられる。あの頃肺癌は治らないんですよ。ほんとに苦しんで亡くなられました。お葬式にも行きましたけれども。編集者というのはどうしても個人対個人で付き合いますから、いろいろなことがあります。
　この「書誌索引展望」の深井さんの仕事から、ライターや研究をやっている人達があまねく探されていくという経過を辿ったということです。
　この他にもいろいろあるんですけれど、印象深いのは『高村光太郎』（「人物書誌大系8」）ですね。

《北川太一編『高村光太郎』（「人物書誌大系8」）》

森本　編集は北川太一さんですね。

石井　これも分厚いでしょう。これだけのものを集めるのはすごいエネルギーですよ。

森本　高村光太郎の研究をされる方は北川さんの書誌・年譜に目を通さないと研究できないってことですよね。

石井　そうですよ。しかも彫刻から全部だからね。記述の仕方も難しいんです。そのことは「まえがき」にも書いておられますね。

北川さんからカードを見に来てくださいと言われてお伺いしました。奥様は洋裁をなさっておられ、玄関を上ったところに広い板張りのお部屋があって、そこには裁断するための大きなテーブルがありました。そのテーブルにずらっとカードボックスが並べられていました。三〇箱以上あったかな。びっくりしましたよ。

著作とか雑誌記事のほか彫刻とかデッサンとか、そういうもの全部記録してありました。彫刻・絵画ほか様々な作品について、どの様に記述を統一するか大変だったと思います。一九五四（昭和二九）年に、既に私家版で『高村光太郎年譜』を作っていらっしゃるんですね。北川さんは戦中戦後というか、戦時を通じて光太郎に関心を持っていた、と書かれているから、その前後の高村光太郎の活動をきちんと掌握していらしたんだと思います。その資料の量の多さには驚きましたね。それとやはり彫刻などをどの様に記述していくか、立体的な物をどういうふうに記録するかということね。これはただ文献だけを相手にしていたのではわかりませんし、書けませんよね。小鳥の木彫りなんていうのが、きちんと立体的に何センチ何センチ何センチと記されています。結構この添え書きというのも充実していますよね。一つ一つ現物を見て書かれたんだなというのが分かりますね。ほんとに高村を研究するにはこれを除いてはできないわね。必携です。

森本　吉本隆明の『高村光太郎』（『現代作家論全集6』）も転向がモチーフでした。あの中でも北川さんのお仕事に関して褒められていたと思います。

石井　この「人物書誌大系」の刊行の言葉はなかなかいいわね。「……われわれが、特定の人物についての研究を着手しようとする際の手がかりは、対象人物の詳細な年譜・著作目録であり、次に参考文献であろう。この基礎資料によって、その生涯をたどることにより、はじめてその人物の輪郭を把握することが可能になる。しかし、これら個人書誌といわれる資料は、研究者の地道な努力・調査によりまとめられてはいるものの、単行書として刊行されているものはごく一部である。多くは図書の巻末、雑誌・紀要の中、あるいは私家版などさまざまな形で発表されており、それらを包括的に把えて探索することが困難な状況にある。……」。これも結局深井さんが考えたものじゃないかな。それとも深井さんと私で作ったのかな。単行本として刊行されていることがほとんど無いということが書かれていますね。人物研究をほんとにやろうとしたら、この個人書誌を作らなければ駄目なんだよっていうことがこの企画の骨子でした。

森本　そうですね。

石井　こうして現本を見ると懐かしい。

森本　第一巻が浦西和彦編『徳永直』。第二巻は石川弘編『檀一雄』。第三巻が大野みち代編『幸徳秋水』。五巻が冷水茂太編『土岐善麿』。六巻が山領健二編『長谷川如是閑』。七巻が『太宰治』。『高村光太郎』は八巻になります。

《堀込静香編『深田久弥』（「人物書誌大系14」）》

石井　堀込静香さんの『深田久弥』は何年の刊になりますか。

森本　八六年刊行です。第十四巻です。

石井　堀込さんも最後まですごかったですね。つい四、五年前まで必ず年賀状を寄こしてくださっていました。彼女はとにかく原稿の仕上がりが早いんです。あっという間に原稿が出てくるの。その分ちょっと間違いが多かったですけれどね、どうしてああいうふうに短い期間で量産ができるのか、よくわからなかった。

森本　要領が良かったのですかね。

石井　最後に『パソコンによる書誌情報管理入門』を出版されたでしょ。共著者の中馬敏高さんが堀込さんのパートナーだったのよ。中馬さんが多分、情報処理のところを全部組み立てたんじゃないかと私は思っているのね。その本ができた時に中馬さんも来られお会いした時に、なるほど情報管理をやるのにこの方がいたのかと思いました。

堀込さんのお仕事は『沼田眞年譜・著作目録』（一九八三年刊）が最初だったんです。書誌学に詳しい人に頼みましたと沼田眞先生がおっしゃっていらしたんだけどね。沼田先生は植物生態学者です。堀込さん自身が山登りが趣味でいらしたから興味を持っていらしたんだと思います。私は堀込さんとはかなり親しかったというか、頻繁に会社に来られて、次から次へ雑誌の原稿だったり、いろいろ持ってこられました。深田久弥もそうだったと思います。とにかく一人で何冊も本を出しているわけよ。彼女は仕事が速かった。

森本　同じ慶應のご出身なので、早くからのお知り合いかと思っていましたが、そうではなかったんですね。

石井　エネルギーのあった方です。最後は日本図書館協会の『日本の参考図書』の総まとめをやられていて亡くなったのね。早かったですね。中馬さんから連絡頂いたんだけど、惜しい方を亡くしましたよ。もっと生きていられたら『日本の参考図書』はもう少しましになったかもしれないし、データベース化も早く進んだかもしれませんね。地味な方でしたが、ほんとに惜しい方でしたね。情のある人だったからね。

ネパールに行ってきた時も素適なテーブルクロスをお土産に買ってきてくださいました。今も我が家に残っています。あれこれ私に指摘されても怒ることはなくて、素直に間違っていましたとおっしゃる方でしたから、私としても言い易かったのでしょう。いちいち言い訳するような人だったら面倒くさいから何も言わないでしょう。人間的にもできたお方でした。惜しい方が亡くなりましたね。

《石川弘編『檀一雄』(「人物書誌大系2」)》

石井　次が石川弘さんの『檀一雄』。石川さんは銀座でお広目屋という広告会社をやっていた方です。

森本　そうですか。

石井　そうなの。三代目ぐらいだったんじゃないかな。まえがきには檀一雄といつ出会ったのか、もう少し詳しく檀一雄との出会いについて書いてあるかなと思っていたんですけれどもね。

森本　もしかしたら銀座のバーあたりでしょうか。

石井　そうかもしれないわね。「まえがき」には、七年の歳月が経って幻のようだったと書いてあるわね。そんなに長いつきあいではないみたいね。だけども檀一雄と会ったことが彼にとっては大きな契機になったんでしょうね。したがって、亡くなってから全作品を、とにかく残したものを一つ一つ記していくことによって、この作家が歩んだ道を偲ぶことができたと書かれていますね。檀さんはあんまり著作を保存したり記事を取っておくとか、そういうことはやってなかったから、石川さんが一生懸命やりましたと書かれてますね。

森本　日本無頼派の一人ですからね。ある意味で人間的魅力があふれた作家だったのでしょうね。

石井　そういうことね。個人的には、私は坂口安吾に軍配をあげるけれどもね。坂口安吾はよく読みました。檀一雄は『火宅の人』程度しか読まなかったですね。とにかく銀座のお広目屋の経営者が編集したものです。だいぶん古くから文献蒐集をやっていたと聞いているんだけどね、書誌としては割と簡単です。

森本　全七六頁ですから本としては薄いですね。

石井　これができあがった時に、私は檀一雄さんの仏前にそれを供えに行かなきゃならなくなってご自宅に伺ったんですが、ほんとに木立ちしたたる素晴らしいお家でした。庭が広くてね。駅前で聞いたら女優の檀ふみさんが有名だったのですぐわかりました。ご仏壇は小さかったね。そこに本を供えました。応対に出られたのが奥さまと息子さんの檀太郎さんだったと思います。この出版記念会が九段坂のホテルグランドパレスでおこなわれ、そのホテルでもお会いしました。奥さまがとても印象的でしたね。なにしろ着物姿で、凛とした立ち姿がすごく綺麗なのよ。キリッとしていてね。何が起きても動じないような、そういう感じの方でした。『火宅の人』の背景を考えると、檀一雄は安らぎが欲しかったのかなという感じはしないではなかったです。それがすごい印象に残っていますね。檀一雄よりもご夫人がね。

森本　檀一雄はゴシップの多い人でしたからね。興味深いお話ですね。

石井　檀さんと一緒に暮らした女優さんはあの人だよって、なんとなく聞いていていて、テレビに出る度にああこの人か、ほんとそうなのかなって思ったりしましたね。石川さんももう亡くなったと思うけれど、いろんな方がそれぞれ対象人物への思い入れがあるんですよね。

森本　太郎さんは「檀流クッキング」で有名ですね。
石井　そうそう。料理人で福岡に住んでいらっしゃるわよね。
森本　太宰家の人々は繊細そうな感じなのに比べて、檀家の人はどちらかというと明るい感じですね。
石井　スペイン、ポルトガルを旅行した時に、ポルトガルで檀一雄が暮らしていた所にタクシーで行ってもらいました。一頃、ポルトガルに暮らしたいと言っていたでしょう。
森本　現地のタクシーの運転手さんはわかったのですか。
石井　雇った運転手さんがドイツ系だったんです。真面目な人でした。私が檀一雄の書誌を出版した関係から彼が暮らしていた所に行きたいと言ったら、ちゃんとその海岸まで連れてってくれました。
森本　そうなんですか。
石井　意外でした。村だったかな、海岸の近くでしたけど、そこで彼は有名だったのかもしれないわね。でも、私は個人的には坂口安吾を尊敬するよ。「人物書誌大系」では作らなかったですが、戦時下どてら姿で焼け跡をさまよい歩いて『白痴』を書くんです。隣に住んでいる、頭のちょっといかれた女の人と空襲の中を逃げる。今でも『白痴』を読むと感激するな。あの時代にこういうものを書いていたんですね。

《大野みち代編『幸徳秋水』（「人物書誌大系3」）》

石井　ちょっと横道に反れましたが、次は大野みち代さんの『幸徳秋水』。これも本としては薄いでしょ。幸徳秋水は革命家ですよね。そういう個人の生きざままでもないけれど、恨みつらみと一緒に何かが滲み出てくるような人ですね。私から大野さんに声掛けしました。まえがきにも「版元から本書編纂のお話を頂いた時、第一は幸徳の鎮魂のために」と書いてありますね。既に『幸徳秋水全集』別巻で年譜・著作目録・参考文献を作成していた方でした。年譜・著作目録までは皆さんわりに簡単に作れるんだけどね、文献目録は大変です。

森本　そうですね。

石井　やっぱり記事なり論文が発表された時に、全部現物にあたるといった配慮がされない限りはね。難しいですね。

森本　現代はデータベースで検索して集合させれば、一応見た目の書誌はできますけども、その集合に遺漏があるか無いかを調べるのは常人にはできないですね。

《山領健二編『長谷川如是閑』（「人物書誌大系6」）》

石井　あとは『長谷川如是閑』ですね。これは山領健二さんが編集されました。山領さんは東大の新聞研に属していました。初めて会ったのは、彼が大学三年か四年のときでした。同じ転向研究のメンバーでしてね、その時からの知友なんです。『共同研究　転向』の中で長谷川如是閑を書いていいます。その結実というか書誌カード等が残されていて、よく整理されていました。文献類は出来上がっているのに「序文」が出ない。山領さんは原稿が遅い人なのよ。編纂したり他の人が書いた文章を直したりするのはすごく早いのに、この本も序文が出ないの。困っちゃいました、てにをはにこだわる方だから。まさか序文無しで本を出すわけいかないですしね。

当時、私は会社で冷や飯を食わされていた時だと思うんだけど、太田清子さん（日外社員）と私と二人で喜多村さんの横で仕事をしていました。四階でね。太田さんが塀を乗り越えて原稿取って来ましょうかって言ったぐらいでした。そういう内輪の事情もありますけれど、でも出版された長谷川如是閑は非常にいいものです。しっかり充実したものが出版できました。彼のミッションの一つだったと思います。原稿を書く為に集めた資料でしたからね。既にたくさんの論文にも目を通されていたものと思います。

今は長谷川如是閑なんて誰も知らないと思うんですが、当時、著名な知識人でした。やっぱり戦後も影響力がありましたからね。ジャーナリズムをやるには長谷川如是閑というのは定説でした。さて、そこで話は変わるけれど山領夫妻のお仲人さんが羽仁五郎さんです。

森本　そうですか。

石井　上野の精養軒で結婚式をやられましたが、披露宴に呼ばれていくと、羽仁五郎ご夫妻が山領さんの隣に並ばれていたのでびっくりしました。それが縁で『図書館の論理』が生まれたわけです。日大闘争などを中心とした学生運動の時に『都市の論理』が出版されたでしょ。みんなこれをバイブルみたいに持っていました。そこにある本を見せてくださる。誰が帯文を書いたのかしら。

森本　おそらく石井さんだと思いますが。

石井「理論は現状を一変させねばならない。真理が人間を解放するためには、それは人間を変えねばならない」と帯に書いてありますね。そうだ、これはまえがきから抜いたんだ。その次に「この本は図書館について現状を一変させるためにのみ読まれる意義がある」とありますね。

国立国会図書館を建てるときにすごく尽力されましたからね。多分『都市の論理』の続きとして『図書館の論理』というタイトルをつけたんだと思う。公共図書館にもよく入っているわね。

森本　絶版ですね。初刷りのみで増刷記録はありませんでした。

石井　これすごいよね。最後に「図書館の唯一最大の使命は平和革命の実現にある。変化することのできないものは、滅亡するよりほかないからである」。だから図書館の現状を一変させる為にのみ読まれるべきだと。

森本　山領さんを通じてこういう出版のドラマがあったわけですね。

石井　そうです。大変だったですよ。インタビューは葉山のホテルでした。そこは中華料理が美味しい所なのね。山領さんも参加してくれて、二、三回やったのかな。内容的には国会図書館を建てた時のこととか、ヨーロッパの図書館についてでした。資料解説は山領さんが書いてくださいました。本ができた時に何十冊か持って、海辺のそばにあるご自宅に行ったのを覚えていますよ。

森本　一冊の本ができるまでいろいろな糸があるんですね。

石井　そういういきさつがありました。これはどの程度売れたのかつまりどんな影響があったのか興味があるのも、時代背景もあるからでしょうね。一九七〇（昭和四五）年から一〇年ぐらいしか経ってないから図書館も買ったと思うんですが。国会図書館の「真理がわれらを自由にする」という標語は、ドイツのフライブルク大学の建物の中に掲げられていた一文なんだと、本文にその由来がありましたね。

版面の組み方も工夫しました。上に写真を入れて下に文字を組んでいくというやり方、見出しだけ追っていけば全体がわかるというような配慮は結構やりましたね。遊んだね。こういうところは太田清子さんがサポートしてくれていたおかげかな。

「人物書誌大系」に話を戻しますが、特筆すべきこととして国立音楽大学図書館の書誌作成グループによる音楽家の書誌があります。司書の松下鈞さんがリーダーとなり、スタッフが対象人物ごとにグループをつくり、タスクとして作業を行いました。専門職としての中核的仕事という位置づけがあったと思います。「人物書誌大系」のシリーズが開始され、私は呼ばれて国立音大図書館に説明に伺いました。このあと『柴田南雄』と『入野義朗』の二点が加わりました。作品目録、著作目録、参考文献目録、年譜のほか、レコード・CDの一覧が収録されています。

上野恵司・相原茂共編『新しい排列方式による現代中国語辞典』

石井　上野恵司・相原茂共編『新しい排列方式による現代中国語辞典』です。

森本　これが後に『逆引き中国語辞典』と改題されたものですね。

石井　そうです。最初の版がすごい。

森本　今日、持ってきました。これですね。

『新しい排列方式による現代中国語辞典』（1982.1）

石井　そう、これが原本です。本当に世界初なんですよ。この序文を読めば、すべて分かります。それを見て少し追加したほうがいいかもしれないですね。相原先生も上野先生も篆刻をなされます。

森本　そうですか。

石井　私に蔵書印を篆刻してくださいました。中国文学に関わっている方々は、蔵書印はご自分で作られるようです。

その蔵書印を持って来る予定だったのですが忘れてしまいました。この本ですが、本当に発想が真逆ですよね。よくこんな発想をしたものだと今でも思っています。序文に中国の詩は韻を踏んでいくので、この韻から引くことができないのは不思議だと書いてありますが、それが不思議でも何でもないのです。要するに、中国には地方の言葉ばかりで、統一的な国語がなかったのです。北京語とか四川省の言葉とかもすべて方言です。中国全土で国語として使う言葉というのは統一されていませんでした。

森本　文字である漢字だけが流通言語だったわけですね。

石井　そう、そういうことです。井上ひさしの『国語元年』というドラマがありましたね。薩摩藩の役人が日本語を統一するために奔走するお話。あのドラマのように混沌とした状態だったと思います。出版した当時、この本は世界初として誇ってしかるべき本だったんですよ。この逆引き辞典を契機に、いろんな企画が持ち込まれようになりました。

森本　後に出た他社の中国語辞典は、この辞書を下敷きにしたという感じだったですものね。

石井　あとでも話しますが、これが逆引き辞典のブームの先端を切りました。その後、逆引きはコンピュータ編集でできるようになったことから『逆引き広辞苑』が出版されたでしょう。また日外からもいろいろ出しましたね。

森本　そうですね。

石井　逆引き辞典ブームのトップを切った、そういうメダリスト級の辞書でしたね。今でも上野先生が最初に現れたときのことを思い浮かべる事ができます。本当にいい仕事だったな。エディトリアル・マインドというかエディトリアル・シップというのかな、そういうものをくすぐるものがありました。上野先生との出会いも鮮烈に残っていますね。

要するに中国語というのは韻を踏むでしょう。序文に「接尾辞的な性格を帯びる語素を含む語が、一か所に集まってこないで、バラバラに分散してしまう従来の排列法では、語彙の体系的把握、科学的考察はほとんど絶望的である。もし、これらの語が、「呆子、袋子、帯子、単子」などのように、整然と一か所に排列されていたとしたら、どんなに便利であろうか。「逆引があれば」──ともに中国語の語彙論、意味論に関心をもつ編者両名は、よくこんな願いを口にした」と書かれていますね。英語ではリバース・ディクショナリーと称してすぐれた辞典が既にありましたが、中国語および漢字圏では世界初です。

森本　「「やってみませんか」と日外アソシエーツから勧められたのは、かれこれ五年前のことである」とありますね。刊行が一九八二（昭和五七）年ですから、五年前は一九七七（昭和五二）年ですか。

石井　世界初というのはなぜかというと、本文は発音順排列ですが、例えば「白」という漢字の項には本文に「斑白」「辨白」「表白」「惨白」と韻を踏む語彙が並びます。こうした発想も、こうした辞典すら中国にはありませんでした。先ほども言いましたように、中国には統一された国語がなく、四川、広東語とかの言葉同様、北京語も一つのローカルな言葉でした。中国語はたくさんのローカルな言語で成り立っていたわけです。明治維新の日本と同じように統一的な国語がないんですね。従って北京語を中心にするならば、逆引辞典が可能であるという、とっかかりがありました。

相原先生と上野先生に知り合ったきっかけは、おそらく『20世紀文献要覧大系　中国文学研究文献要覧　一九四五～一九七七(戦後編)』だと思います。最初に編集を依頼した桜田芳樹さんという方がいました。都合があってあの本の編集は吉田誠夫さんにとって代わったのですが、この桜田さんは筑波大学系で、神田の日中学院で教えていました。上野先生と相原先生も同じ学窓でしたから、お二人がそういうことを考えていることを桜田さん経由で知りました。既に逆引の語彙を集めておられ、これをなんとかしたいということで持ち込んでこられたというのがいきさつだと思います。

最初にお見えになったとき、今でも鮮やかに覚えていますが、相原先生が当時三〇代かな、もっと若かったかもしれないけれども、凄腕の営業マンでも持ってないような立派なビジネスバックを持って現れました。上野先生はどちらかというと相原先生のようなモダーンな感じと違い、しっとりしたおとなしい学者タイプの方でした。

相原先生がバッグを開け、こうやって作りますと言ってパッと開いて示されたのがフローチャートでした。日外でもフローチャートなど書いてはいませんでしたので驚きました。

フローチャートには圧倒されました。どういうものかというと、市販のインデックスを利用してその一枚一枚に制作フロー毎の作業項目が書かれ、作業の流れにそくして一枚の紙に貼られていました。こういうふうに作業すると説明された時には、びっくりしました。中国語の辞書を作るというから、古くさい感じの方が来られるのかと思っていたらとんでもない。辞書の発想からして、またその作り方の発想も桁違いで、非常に合理的に考えておられたわけです。

中国語は韻を踏むことが最も重要なリズムですからね。じゃあやりましょうということで、五年がかりでその原稿は完成しました。カードは全部手で並べたものです。コンピュータなんかない時代でしたからね。

そのカードに書かれた上野先生の字が素晴らしく達筆なんですね。上野先生という方は、前にも話したけれども、眠らないで研究を続けようとするために真冬でも窓を開け放ち、立ってお仕事をされるという方でした。大変な学究的な方でした。とても考えられないでしょう。

というということで、最初これは研究的な辞書として、専門家向きの出版をしました。まあ驚きましたね。この末尾の音節で並べるという作業は助手の方々を使って全部人力でなさったわけですが、カードをきれいに並べたものが持ち込まれた時は感動しました。

大井　逆引きの語彙を引っ張り出してくるという、これもまた大変な作業ですね。言葉の海から拾い出してくるわけでしょう。

石井　そうです。大変な作業です。それがわずか五年でできたなんて考えられないですね。字引きの編纂というのは本当に大変な作業です。これをきっかけに逆引きブームが起こりました。もちろんそのブームはコンピュータ編集によるものですが、これが最初の火付け役でした。例えば日外の『逆引き熟語林』とか、W・ハダミツキーの『漢英熟語リバース字典』とかの企画も持ち込まれてきました。

一番苦労したのが従来の漢字と簡体字です。見出し語の親字は簡体字で並べてあります。簡体字の活版母型を持っている印刷所は九段下に一軒しかありませんでした。見出しは簡体字。説明のほうは正字（旧漢字）です。さあこれで編集がどうなったかというと、やはり編集者というのは原稿を何度も何度も見るから簡体字に習熟してきます。先生の方が間違えるわけです。例えば「空」という文字があるでしょう。正しい漢字はカンムリのテンが立っています。簡体字はそのテンが横に寝ています。この違いだけです。見慣れてくると一発で分かるようになりました。パッと見ただけでね。横に寝ている簡体字と片方は立っている正字。正字体と簡体字の違いは一番大変でしたね。

大井　わずかな、一本の線の違いですよね。

石井　そうです。この辞書は世界でもインパクトがあったのでしょうね。というのもハダミツキーさんはベルリン大学の司書でしたが、この辞書を手にして、こんなユニークなことをやった日本人混然としていますからね。辞書ですから正確なチェックが必要でした。

がいるんだ、それを出版した出版社もすごいなと思ったわけでしょう。これは最初いくらだったかな、結構高い値段なのよね。

大井　二万円ですね。一九八二（昭和五七）年当時の二万円ですからね。

石井　それでこれを手伝った助手の皆さんたちが、この値段では買えないと言い出しました。最初の版は、研究者が研究室に一冊置くもので、自分たちが利用できる値段ではないとの声があがり、普及版の『逆引き中国語辞典』を出すことになりました。この『新しい排列方式による現代中国語辞典』の影響は本当に大きかったですね。

武田正實編『現代伊和熟語大辞典』

石井　中国語辞典に続いて、一九八三年には武田正實編『現代伊和熟語大辞典』を出しました。著者の武田さんもすごい方だったですね。というのは、武田さんはこの辞書を作るために親戚中から借金をして、日本語のタイプライターやイタリア語のタイプライターなどを五種類くらい買い集めて語彙入力し

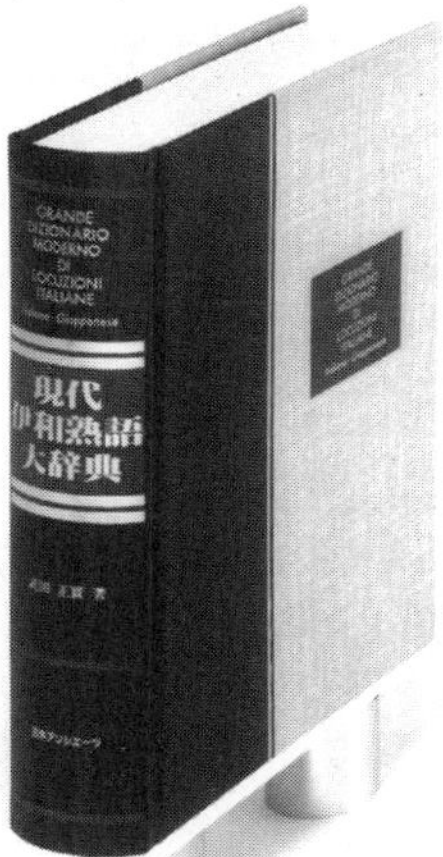

『現代伊和熟語大辞典』(1982.12)

たんです。日本語の文章のときはこちらのタイプライターを使い、イタリア語の見出しはあっちで打ってと。ご自分の部屋の中に入力用の機器を揃えていました。そんな部屋で辞書の原稿を作ったんですよ。民間人が言葉典を編むということは、いわば家運というか人生を丸ごと賭けるといってよい。

森本 大学の先生と違って、お話を聞いていると民間人のエネルギーは振幅がちがいますね。自分の一生をかけた総攻撃のようですね。

石井 人生のあり方が根本的に違いますね。『大漢和辞典』の諸橋轍次しかりです。以前、言葉典のできる過程を調べたときに、本当に執念以外に何ものもないということをつくづく感じました。諸橋も親子二代でしょう。そのうえ全巻の組版が東京大空襲で焼けたために、戦後一からやりなおした。

武田さんは部屋にタイプライターを何台も何種類も置いてやったわけです。あのころはコンピュータじゃないものね。それで語彙の収集は、日常の会話から例文を収集する徹底したクロスレファレンスで作られました。その収集力はすごいですよ。だから執念の人です。

大井 文献だけではなく、通常の日常会話の中からも採録されたのですね。

石井 もちろんそうです。序文に「〈基本五八五種〉以外は日常の言語環境から集めた。筆者が留学時代に採録したイタリアのテレビやラジオ番組の録音テープ各三〇巻程度計六〇巻、主要新聞、雑誌、サウンドトラック……」とありますね。もちろんその中には下世話な会話からも拾っているということね。

大井　すごい。それならイタリア語のスラングも含まれていますね。

石井　そこが今までの辞典と違うのよ。まさに生活の中から言葉を収集した点がね。新聞・雑誌・看板から言葉を収集したとして有名なのが、荒川惣兵衛の『外来語辞典』（冨山房　一九四一）ですね。

大井　根本的に違う感じがしますね。生きている言葉の辞書ですね。

石井　だから言葉の海というのね。武田さんは非常に自分に厳しい方でした。家庭内のことは知りませんが、こういう緊張した人と付き合うのは奥様も大変だろうと思いました。日比谷図書館の課長のお嬢さんで、学習院のドイツ語学科を出た方が日外に入社してきて、この本の編集に最初に携わりました。そのお嬢さんが、武田先生から「この辞書ができあがったら石井様は女神様です」と言われたそうです。女神という言葉をもらったのはこれが初めてでしたね。編集担当も神経を使ったと思います。

そのお嬢さんも早々と辞めたほどでしたからね。本格的イタリア語の熟語辞典の出版を支える編集体制だったと思いますよ。イタリア学会の中ではどういう反響があったかは知りませんが、自力のなせる業というのはすごいですね。

大井　執念、執着の塊ですね。

石井　そう、要するにこれが自分のミッションだと思い込んだ人の、人生の生き方は鮮烈です。言葉典を作った人たちはすごい執念の持ち主です。宮武外骨なんかもそうですね。価値観が普通の人とは違いました。だから面白いのですよ。この辞書はスラングとかいろいろ入っていますからね。

森本　この辞書をCD-ROMにする際に、辞書は通常、一文例が数十ヶ所に多出するのですが、この辞書の文例は複出が少なく豊富だったと聞いています。

石井　そうでしょう。だって日本にはイタリア熟語辞典がありませんでしたからね。大体、文例は先行辞書を孫引きして作っていくでしょう。そこには日常会話の文例は載っていませんね、だから先例だったと思います。武田先生は今どうされていますか。

森本　お元気だと思います。数年前に電話をいただきました。

石井　お会いしたいですね。今から見ると、辞書の世界になぐり込みをかけた一人ですね。

森本　辞書の企画があがったら、大学の先生達を十年位かけて出版社がサポートするというのが普通ですね。

大井　文例は文献から採集するのがほとんどですね。

石井　イタリア語を学ぶ人は、アリアを歌ったりする声楽家や音楽関係の人も多いでしょう。他にも料理やファッションなどいろいろありますが。

大井　そうですね。序文に「小学校一年～五年の教科書約六〇冊」と書いてあります。テレビ番組やラジオ番組のテープから採録したということですから。

石井　当時の先端的な機械も駆使して、目に触れるもの全てから採集するスタイルでした。

大井　この出版は何年でしたか。

森本　一九八二（昭和五七）年十二月です。

大井　まだコンピュータは一般家庭には姿を見せてないですね。タイプライターかワープロの時代ですね。

石井　そんな時代だから、電子記録は万全ではなかったはずです。

大井　そうですよね。あっても大企業にあるくらいで、普通はなかなか使えなかったでしょう。

森本　マイコンが普及し始めたのが一九八四（昭和五九）年くらいだったと思います。

W・ハダミツキー、M・スパン編『漢英熟語リバース字典』

石井　『来日西洋人名事典』のお話の前に、辞典がらみで『漢英熟語リバース字典』を先にしましょう。いわゆる逆引き辞典『新しい排列方式による現代中国語辞典』が出たでしょう。それが契機で一九八九（平成一）年に『漢英熟語リバース字典』が出ました。編者はヴォルフガング・ハダミツキー氏とマーク・スパン氏です。これはもう絶版だったかしら。

『漢英熟語リバース字典』(1989.3)

森本　はい。版権を移して現在はタトル出版から『簡明漢英熟語字典』として刊行されています。

石井　ああそうでしたか。この本の出版は一本の国際電話から始まりました。「国際電話がかかっています」というから私も身構えちゃって、ハローとかなんか言ったわけですよ、そうしたら向こうは流暢な日本語でしゃべってきました。辞書を刊行したいと。お宅で出している中国語辞典を見た、そういう辞書を出している会社なら自分が作っているものを出版してくれるだろうと言ってきました。そのうえ東京へ来ていますという内容でした。これがW・ハダミツキーさんとの出会いでした。本に著者紹介が書いてあるかな。

森本　書いてないですね。

石井　出てないですか。彼はベルリン大学のライブラリアン

大高社長とハダミツキー氏

でした。おそらく『新しい排列方式による現代中国語辞典』が図書館にあったのだと思います。それを見て、日外を選んだものと思います。編集は国際的でした。というのはM・スパンさんはアメリカのＩＢＭに勤めている方でしたので、入力はスパンさんがアメリカでやったそうです。

この辞書が画期的だったのは、従来の辞典と異なり、すべての熟語がそれを構成している親字の元に集められているので、一漢字の部首か読みが分かりさえすれば、例えば、この「包」という字を見ると、「包」という字が一番最初に出てくるのはこれらの熟語、二番目に出てくるのはこれらの熟語、というふうにほとんどの熟語が一覧されていることです。また「包」という字を海外の人たちは音で引いたり画数で引いたりできないですから、約八〇の部首を絵として掲げその画数から探します。これが漢字を引く検索キーなわけです。部首を見つけるのに、部首＝漢字の群れ、部首が左側にある漢字の群れ、部首が右側にある漢字の群れ、部首が上側にある漢字の群れ、部首が下側にある漢字の群れ、というチェックリストも漢字を探す手立ての一つとして案内されています。漢字はすべて番号化されていて、「包」は「０ａ５・９」となります。「０ａ」は部首＝漢字の記号です。「５」は画数、「９」は群れの背番号です。その番号で引けるようになっているわけですね。

大井　「０ａ５」を引くと、「以・丞・丕……」と五画の漢字が並んでいますが、これが「包」と同じ「０ａ５」グループの漢字群なのですね。「０」は部首のない漢字の群れです。これがガイドに相当するわけですね。

石井　そうです。

大井　インデックスは？

石井　本の末尾に「音から引く索引」が付いています。

大井　漢字を番号で索引指示しているのですね。

石井　そうです。

大井　本文は部首の画数が大分類で、中分類が部首の形、つまり絵形というわけですね。これは大変な作業ですね。部首の分類比較ができているんだ。部首と部首の画数の組み合わせからできたキーワードがインデックスになると、面白いこと考えますね。

石井　そういう意味で、クロスレファレンスがすごいわけです。編集の大詰め頃にはハダミッキーさんも日本に来て、学芸大学駅近くの下宿に住んで、最後の校正作業に取り組んでいました。

大井　日本にいらっしゃっていたのですか。

石井　来日していました。安い学生下宿に住んで、銭湯には行くわ、そのうえ納豆も食べるんですよ。お箸の使い方も上手で、日本の生活習慣をすっかり身につけている方でした。そのせいか大森のしゃぶしゃぶ屋へよく大高社長と行きました。

大井　この排列の発想は面白いですね。

石井　面白いでしょう。この索引の使い方もユニークでしょう。

大井　分類と索引に特徴がありますね。

石井　そうです。いかに外国人が漢字を引くのに苦労しているか、彼は漢字の学習をしたときにこういうものがあればと身にしみて思ったのでしょうね。それで考案したわけです。

大井　日本人は、まず漢字は音訓で調べますよね、それで分からないと画数や部首です。

石井　形でも分かります。日本語を習得する人たちにとって、漢字を書くことがどんなに大変か、だからこういう発想が生まれたのですよ。その後、似たようなものが出ましたが、この辞典のように漢字の構成を徹底的・構造的に引けるものはないですね。

大井　漢字は絵であるという発想ですね。外国人が漢字本来の姿形を志向したらこうなったという論理ですね。

石井　そうです。要するに図形なんです。

大井　図形で引く、まさしくその通りだと思います。彼らから見ると、部首のようで部首でないということなのでしょう。

石井　部首も一つの図形なのですが、部首でないものが部首に見えるのでしょう。われわれの部首の概念とはちょっと違います。部首はある程度認識しないと引けませんからね。

大井　海外の方で漢和辞典をマスターした人というのは、部首を最初から全部言えると聞きました。部首や画数から漢字を全部マスターしていくんですね。だから日本人よりも漢和辞典を引くのが早いと言われる。部首＝絵（もしかしたら記号）から調べるしか手立てがないのです。

石井　こんな発想は世界初です。『新しい排列方式による現代中国語辞典』にしろ、この『漢英熟語リバース字典』も発想法がユニーク、そして出版も世界初でした。日外としてもよくやりましたね。こういうものを出版する決意をした大高社長は、あまり売れ行きは考えなかったのかな。発想が面白いから出版したのでしょうか。そこらへんがよく分からない。

森本　新しいものとか奇抜なものへのハンティング感覚は頭抜けていますね。

石井　きっと、誰も作っていないものをやりたいというのが大高さんだと思うのよね。人が作った後塵を拝すなんて嫌だという感じではないかな。だから、こういう新しい着想ならおもしろいと言ったと思いますね。世界初をそんなに誇りにもしていないし、私たちは仕事柄、世界初とか帯に書いたりしましたが、鼻高々にも言わなかったですね。この一連の字引きは、日外にとっても日本語にとっても大きな業績だったんじゃないでしょうか。逆引き辞書を先導したのですからね。こうした辞典ができてから大分経って岩波の『逆引き広辞苑』が出ましたからね。

大井　電子化されたからこそ、後方一致の排列が可能になったということですよね。

石井　要するに排列をコンピュータでやらせたらの発想ですから、人間が考えるということや手作り的な要素がないですね。そこから生まれる一つの理念とか。初めて世界を切り開くには、エネルギーの蓄積というか、目に見えない人力があるんですよ。あのときは、まだ日外でもコンピュータ化は万全ではなかったですから。

森本　このデータは最初から電子化されていたのですか。

石井　これはできあがっていました。ＩＢＭの技師が共同編集者として絡んでいましたからね。

大井　コンピュータの中にこの漢字・かな・ローマ字混じりのデータを入れるのは、気が遠くなるような作業です。

石井　だってこの厚さですよ。普通の辞書と比べたら一・五倍はありますね。

日本語処理なんて海外では進んでいませんでしたからね。Ｍ・スパンさんはコンピュータ技師なので、ローマ字と漢字の二つは合わせることはできたと思いますが、中には作字をしなくてはならないものも多いでしょうね。

大井　入力を技師がやったとしても、それはアメリカでの入力ですよね。

石井　ＩＢＭに勤めていましたからね。そうでなかったらできなかったでしょう。その当時、日本のコンピュータ技術は、まだヒヨコ状態だったと思います。親字が一字目二字目三字目四字目にある熟語まで引けるのですよ。当然、熟語の採集も四倍になりますね。

大井　先頭にある漢字しか引けない辞書に比べると、中身が詰まっていると感じます。そのうえ、驚くのは版面がすごく整ってきれい。整然と整理された形で編集されているのが印象的です。

石井　熟語の最後の一字しか覚えていない時でも、真ん中の字しか分からなくても引ける熟語字典です。そういう意味では日外も社史を作り、世界初日本初を誇ったらと思います。創業して五〇年経つのですからね。

森本 会社の草創期にそういうユニークなものを手掛けたことが、地引網のような効果があったということでしょうか。

石井 そうですね。「図書新聞」（一九八二・十一・六号）に大高さんが書いていらっしゃいます。辞書を作るというのは便利なツールをつくることだと。

大井 それは、社長が司書だったからでしょうか。

石井 それはともかく、こういうものがあれば便利だという感覚だと思います。この前もお話したように、アメリカから特許情報の輸入などの仕事をなさったり、アメリカの理工系学会誌のインデックスを作ったりしているから、だからそういうものの面白さというか、便利さはよく分かっていたと思います。日本にないなという感覚。だからこういう入り組んだクロスレファレンスができるようなインデックスをつけても平気なわけですよ。アメリカ物理学会などの仕事がなかったら、ここまでいかなかったかもしれませんね。でも大高さんからアメリカにあって日本にはない、とかの言葉は聞いたことがありませんでしたね。面白いからやろうという感じでした。だから持ち込まれた企画について、否定的なことを言われた記憶はほとんどないです。

森本 信頼されていたんだと思います。

石井　全くノーと言われた記憶は私にはないですね。

武内博編『来日西洋人名事典』

石井　一九八三（昭和五八）年に『来日西洋人名事典』が出ました。著者は武内博さん。これは本邦初です。来日西洋人というユニークな視点と、事典に初めて人物文献目録がついた点です。それまでの人名事典は経歴事項しか記載されていませんでしたが、見出しの人名全てに文献目録がついているところがミソなわけですよ。

森本　事典に参考文献がついた最初でしたか。

『来日西洋人名事典』（1983.3）
※写真は増補改訂版（1995.1）

石井　最初に、カードボックス三箱に墓碑の白黒写真一、〇〇〇枚ぐらい持ち込まれました。当初はこの墓碑の写真集を出したいということだったのです。これをどうやって集めたのかと聞いたら、自分が出張する度に日本各地にある外人墓地を訪ねて写真を撮った、また自分が行けないところは他の方が出張した際に依頼して集めたということでした。どう料理できるか、これを毎日眺めていたわけね。単なる写真集では好事家しか買わないし、これでは売れないというのが私の結論でした。ところが彼は、幸いにも名古屋大学法学部の図書室を皮切りに司書としてのお仕事をしていらしたわけね。お会いしたときは武蔵小金井にある東京学芸大学付属図書館の参考係長だったのです。よくよく聞いてみると、一人一人に明治時代の書籍や新聞雑誌から文献を拾い、それらを記録してあるということが分かったわけです。それならば簡単な略歴が書けるでしょうと、ひらめきました。すでに『現代日本執筆者大事典』を作っている経験がありましたから、経歴的な部分と文献目録のドッキング、そういうイメージで事典ができるんじゃないかというのが私の考えでした。

当時お雇い外国人については研究が進んでいて、たくさんの資料が発見され保存されていましたので、そういう研究成果はありましたが、宣教師とか教育者とか民間人を含めたものはないわけですよ。宣教師の場合は宗派ごとに派遣した本部でデータ持っているのですが、これは一般的に公開されていないです。これをとにかく人物書誌事典みたいなものに仕立てれば絶対面白い、日本で初めてだぞと思いました。だから私もお先走りなんですね。こういうものは過去にないから面白いじゃないかという論理。既にある、同じようなものを作ったってつまらないわよ、ということね。

私もびっくりしたのだけれど、うちの母が死ぬまで歌っていた歌が「トゥインクル・トゥインクル・リトルスター」でした。それは母が熊本の日曜学校で習ったんです。熊本という所はわりに先進的な土地なんでしょうね。きっと新しい物好きの県民性なのでしょうね。その話をしたら武内さんが、ハンナ・リデル女史は収録対象だというのね。リデルさんを本で引いてもらえますか。

大井　リデルさん。ここにあります。

石井　その人に教わったんですよ。「トゥインクル・トゥインクル・リトルスター」を。それだけは死ぬまで歌っていました。

大井　一八九〇（明治二三）年に熊本に赴任して、第五高等学校の教授と書いてありますね。

石井　それから救らい活動。社会福祉の一環として熊本回春病院というのを設立したんですよ。びっくりしました、うちの母に歌を教えた人まで入っているんですから。最初に来日したのは誰だろうね。一番古い人は。巻末に年表があるでしょう。

大井　F・M・ビント。一五四四年来日、ポルトガル人ですね。その次に、四九年にフランシスコ・ザビエルが来ています。

石井　この年表はコンピュータ編集でできたのですが、面白かったですね。年表とか索引を作るために様々なタグを入れました。だからこの来日年表とか、他の索引ができたのです。墓地一覧とか、活動分野索引があるでしょう。これ全部コンピュータ編集です。データ入力の時に、年表や索引で縦横に検索するために徹底してタグを入れるよう指示しました。来日年のタグを抽出すると、リストに人名とともに出てくるんですよ。各人の経歴データに来日年のタグを前処理して入れました。あとから人名とそのタグだけ引っ張り出せばいいんです。

大井　ビントを引いてみます。本文に「彼の『来歴紀』によれば一五四四年（彼は一五四三年という）来日し、ポルトガル船による種子島鉄砲伝来者の一人であった」とあります。この一五四四年にタグを入れたわけですね。人名の後に「日本文化（日本紹介）」ともありますが、これもタグを付けて、年表に人名とともに抽出したわけですね。

石井　そうです。そうそう、これが増補版の出版の際、武内さんが寄こしたお手紙です。増補改訂版に同意してもらったものです。日外の五〇周年にこういう方々を呼べばいいんですよ。それで語ってもらったらどうですか。本当に、日外は日本の索引文化を作ったのよ。大高さんがやらないのだったら、あなたが営業本部長として呼びかけて、五〇年の集いをやりましょう。たくさんの人が集まるわよ。だって生きてらっしゃれば、独創的な辞典などの編集した方にとって日外は忘れられない版元だと思います。

この事典を作るために、私は悪知恵を思い付いたわけ。つまり一日三～四人の原稿を書けば、一年でなんとかなるだろうと。収録人数は確か一、三〇〇人くらいでしたからね。

大井　三～四人の原稿書くのは大変ですよ。お仕事を持ちながらですから。

石井　そうね。そこで著者と編集者の戦いが始まるわけです。武内さんは熱烈な巨人ファンだったのよ。ところがその年、巨人が負けに負けた年だからテレビを見ないわけです。まさしく千載一隅のチャンスでした。徹底してノルマを課して書いてくださいと言いました。督促すると、もうすごく不機嫌なわけ。奥さまも機嫌が悪い。最後には同じ人物の原稿がだぶって出てくるようになったりして、その度に生年とか没年も違ったりしたものですから、編集担当者はてんやわんやでした。編集担当が大学の柵を乗り越えて督促に行ったりもしたので、私の名前を聞いただけで武内家ではノーだったわけです。編集はコンピュータでデータに細かいタグ付けをして、できるだけ面白いものを作ろうという機運がみなぎっていました。

話を戻しますが、こういうユニークなものは日本で初めてでしょう。ザビエル以前から来日した西洋人が載っているのですからね、お雇い外国人はじめ留学生などたくさんの人が掲載されているのは見事と言えます。

大井　私が知りたかった人がかなり収録されています。

石井　そうでしょう。視点のユニークさと、徹底して引かせるための妙味です。それから文献を付した点は、その人についてもっと深く知りたいというときに、研究者にとっても役に立つだろうという思いがありました。

大井　今見ても面白い辞書です。

石井　日経新聞の文化欄を担当されていた青柳潤一さんが熱心にチェックして、武内さんに記事を書かせました。そうしたら地元川越で一躍有名になったので、奥さまも電話に出てくる声が違うようになりました。素材がいろいろあっても、それをどうやって生かすかは、やっぱり編集的なアイデアが加わらないと物にならないわね。

大井　素人はこういうもの作っても、どこかもやもやとしていますから。

石井　だから編集者は、より具体的なイメージを作れないとだめです。森本さんの質問に「私の臍は何ですか」というのがありましたけど、最後に話しますが、それは物作りの面白さに尽きますね。研究者になって論文でも書いたらと勧められた事もありましたが、そういうものはつまんないです。具体的に形にすることこそ妙味なんです。面白さなのよ。しかもそれが世界初とか日本初だったらよけい力が入るでしょう。刺激的ということね。そういう事情があって、この本はめでたく世に出ました。

富田仁編『海を越えた日本人名事典』

石井　一九八五（昭和六〇）年には『海を越えた日本人名事典』を出しました。富田仁先生とのコンタクトは一九八四年に出版した『比較文学研究文献要覧　一九四五〜一九八〇』からです。

森本　『フランス語フランス文学研究文献要覧』かと、思っ

『海を越えた日本人名事典』(1985.12)

ていました。

石井　これが縁でした。彼は根っからのアイデアマンです。また面白い方でした。

森本　日外の出版物で、一番ユニークな本を出されているのは富田先生ですね。

石井　すぐ思い付くのでしょうね。最初に出版したのは日外からなのでしょうが、それを見た編者がこぞって頼みにいき、そのアイデアを頂戴したんじゃないでしょうか。多分、武内さんの『来日西洋人名事典』にヒントを得て、その逆が成り立つのではないかというアイデアかと思います。これも面白い仕事だったたです。というのも海を越えた人たちとなると国費留学とか明治維新以後のことがつい思い浮かぶでしょう。ところがそうじゃないのですよね。最初に海を渡ったのは誰ですか。この事典にも年表が付いている。年表は便利ですね。

大井　最初は渡航年の分からない人がいますね。伝蔵は漂流者。ホノルルに永住した寅右衛門もそうです。亀吉も漂流ですね、ペルーで洋服屋を開業とあります。坂田伊助も漂流、こちらは大工としてリマに定住とあります。みんな漂流者、漁民か船乗りです。遠くペルーまで行っているのですね。そして渡航年の記録が残っている最初の年が一八四二年です。こうしてみると記録に残っていない漂流者もたくさんいたんでしょうね。

石井　次が永住丸の乗組員ですね。七人の名前が載っていますね。アメリカ彦蔵が一八五一年に漂流する前に、掲載されているだけでも二三人の漂流者名があがっています。

海を越えた人たちというと明治維新あたりからと普通思うけれど、その前に遣米使節に至るまで連綿と様々な歴史があるのよね。咸臨丸で渡ったのは一八六〇年ですが、それ以前はみんな漂流民なんですよ。そこから歴史が始まっているのね。常民史みたいなもので、そこが私は気に入ったわけです。それとね、もう一つ面白いなと思ったのは、役人が行く前に、パリ万博には新橋の芸者とか旅芸人がたくさん渡っているんです。これは非常に面白いですね。万博に行って日本茶屋かなんかやって、そのあと各地を回り歩いている人もいました。例えば川上貞奴、夫と共にヨーロッパを巡業して歩いたでしょう。やはり常民史というのかな、つまり渡航というと普通、留学生や役人でしょう。しかし彼らが行く前に漂流者や芸人が先んじて日本の文化というものを広める。どう広めたか知らないけれども、そういう人たちがいたというのが非常に面白いですね。こういう事典でも作らない限り、歴史の中に埋もれたままでしょう。玉乗り芸人がパリで興行したとかを歴史に残すことが大切なんです。

この事典を作るのにもっとも苦心したのは、執筆者に富田先生の教え子を含めてたくさんの方が関わった点でした。その文章たるやレベルがさまざまで、中にはひどいのもありましたよ。

当時ね、ニコニコマークが流行ったの。それで私が原稿にニコニコマークや泣きマークとかを書いたのですね。ニコニコマークは少ないんです。泣きマークの付いた原稿は校閲要注意です。一番困ったのは渡航年月日が食い違っていることでした。要するにちゃんと旧暦（日本暦）と西暦の対照をやっていないから、同じ船に乗ったはずにもかかわらず年月日が違うんですよ。そのチェックが大変だったですね。太陽暦に代わったのが一八七二（明治五）年ですから、それ以前の渡航者の原稿は要注意でしたね。

大井　文献をよく調べられていますね。山本芳翠を見ているのですけど、芳翠に関する文献はすごく細かいです。私が知らないものもあります。

石井　福山恵美子さんが執筆者ですね。富田先生のお弟子さんでしょうかね、そうだとしたら一生懸命書かれたのでしょうね。

大井　こうやって見ていると、使い勝手のある事典ですね。頁をめくる度に興味を駆られます。

石井　やっぱり、人物に関する文献が付いているというのは大変便利ですよね。たとえばこの山本亀吉。生没年不詳、樽回しの旅芸人です。イギリスとフランスに行き、パリ万博のときに巡業して、「樽回しの曲芸を演じ、不器用な西洋人を感心させた。明治一年に帰国したが、その後の消息は不明」とあって、「宮岡謙二『異国遍路　旅芸人始末書』昭和四六年刊」が文献としてありますね。この資料を見ればこの人に関する手がかりが一挙に広がりますからね。ここに湯本豪一さんの名前がありますが、彼もまたこの事典の執筆者の一人でした。今は川崎市立美術館の学芸員として活躍して、明治期やお化けなどについて、たくさんの著書がありますね。

森本　そうですか。湯本さんもその一人でしたか。執筆者・協力者一覧を見ていて思ったのですが、当時、大学図書館に勤務されていた方々の名前もありますね。こうした仕事に図書館員が深く関わるというのは素晴らしい事ですね。

野島寿三郎編『歌舞伎人名事典』

石井　次は一九八八（昭和六三）年刊の『歌舞伎人名事典』です。これは森本さんのほうが詳しいと思うのですが、一つの新しい分野を押さえたということで意味があったと思います。著者は野島寿三郎さん、失礼かも知らないけど、完全なるアウトサイダーと言っていい方かもしれませんね。

森本　そうですね。

『歌舞伎人名事典』(1988.9)

石井　ほんとうに自由に生きているのよ。まだご存命というから、やっぱり自分のしたいことだけを趣味にして生きている方は長生きするのですかね。浮世絵やマッチの箱を集めたり、ありとあらゆる紙のコレクションを集めておられました。さらに硬貨とか、記念のものとかね。古本屋とか、そういうところにも長いこと出入りして、コレクターをやっているんでしょうね。

生計はギターを教えていらっしゃるとのことでした。とにかく電話を絶対引かないんですよ、だから全部手紙でのやりとりでした。あれは不思議だったわね。

森本　今はヤフーオークションにも出品しておられますね。ご性格がコンテンポラリーなのでしょうか。

石井　生き方上手っていうのかな。フランス語で「アール・ドゥ・ヴィーブル」（art de vivre）という言葉があります。生きるすべを知っているというか、そういう方なのかもしれないわね。とにかく自由人よね。どこにも属さないで、戦中戦後を暮らして来たというのは、すごいと思います。

森本　自分のやりたいことだけをやられて、危なっかしいものには近づかないという感じだったのでしょうね。

石井　それを押し通して来られたことがすごいですね。お独りですか。多分、ご家族持ちではこうは生きられないように思うのですが。

森本　コレクターと呼ばれる人たちはかなりいますが、文章を書ける人は少ないですね、そういう意味では野島さんは際だってますね。

野島さんとのつきあいは一九八七（昭和六二）年の『日本暦西暦月日対照表』からです。このテーブルは日本の文書類に記された日付と太陽暦をつきあわせると年がずれているため、そこをきっちりさせたいということでした。一五八二年～一八七二（明治五）年まではこのテーブルは正確です。

ただしそれ以前に遡るのは、文書の日付も記録によっては種々違いがあるし、また西洋文化とは無関係な時代を西暦とつきあわせて何の意味があるのだろうか、そこをテーブル化することはまだ自信がないとおっしゃっていました。テーブル化は可能ではあるけど、そこには至らなかったと。

石井　これは非常に便利でしたよね。年月日が食い違うのはしょっちゅうだからね。年月日をチェックするツールなりました。

『日本暦西暦月日対照表』の前だったか後だったか覚えていませんが、『歌舞伎人名事典』の企画が持ち込まれたときのことをご存知ですか。

森本　いいえ。

石井　大学ノートに吉原の店の配置が全部書いてありました。それも何年何年と時代ごとに違うのよね。

大井　吉原細見を写したのでしょうか。

石井　それを持って来られて最初に見せられました。大学ノート見開きに鉛筆で書いてありました。

大井　調査して書き込んだのですね。

石井　そうだろうと思いますね。本当にマニアックな、数奇者というのか、そういう人の仕事だったわけですよ。歌舞伎人名については、浮世絵が入り口なのです。浮世絵には歌舞伎の人気俳優が描かれているでしょう、それをひとつひとつ調べていくということから、『歌舞伎人名事典』が生まれたのね。

森本　販売にはかなり軋轢がありましたね。松竹に販売を頼みにいったらノーという反応でした。歌舞伎座で販売してもらおうと淡い期待がありました。

石井　推薦状をもらおうと思ったら取れなかった。いわゆる自分たちの家系を守りたいというか、こんなの書かれちゃうと困ると当惑したのでしょう。女形の大御所の、そう中村歌右衛門さんに推薦文を頼もうとしたんですが、断られましたね。歌舞伎界にしてみればどこの馬の骨か分からない奴がわれわれ一門のことを書き残そうとしているうえに、読めばとんでもない記述があると。

大井　松竹以外は触れてほしくないということでしょうか。歌舞伎界、歌舞伎役者としての名誉が損なわれると思われたのでしょうか。

石井　歌舞伎界にとっては異端の書かもしれません。もともと野島さんは浮世絵を集めるのが趣味で、歌舞伎絵が浮世絵になってくるので、その関係でその方面も強くなったということなんですね。歌舞伎界からノーを突きつけられたら、普通そんな事典は出版できないですね。

大井　八八年の刊行ですから、このころになると歌舞伎の役者についての本は出ていました。歌舞伎関係は、私もレファレンスで相当調べたことがあったのですが、まとめて総括した本はなかったです。

石井　野島さんは、この他に『公卿人名大事典』や『歌舞伎浄瑠璃外題事典』を作っていらっしゃるのね。『公卿人名大事典』はどういう契機で作ったんだろうか。公卿人名というのはどうやって調べたんでしょうか。

大井　歌舞伎の中に公家が出てきます。

石井　言われればそうね。この『歌舞伎人名事典』は、編者がわが道一筋、趣味の世界で生きてこられた方の本です。もういいお年だと思うのですが、いま何歳位になられているのでしょう。

森本　かくしゃくとしていらっしゃいますからね。ちょっと待ってください、調べます。一九三二(昭和七)年生まれですから八一歳ですかね。

石井　そうですか。もっとお年を召されているものと思っていました。

近代日本社会運動史人物大事典編集委員会編『近代日本社会運動史人物大事典』

石井　この『近代日本社会運動史人物大事典』、これはもちろん「思想の科学」と絡んで、いろんなエピソードがあります。これはもう本当に著編者の執念が乗り移って出版に至った事典です。いいだももさんが、いみじくも「紙碑」と書いたけれど、あれができるまでにすごくたくさんの出会いがありました。しまねきよしさんといいだももさんとの出会いとか、私がしまねさんと東京工大の鶴見研究室での「転向研」で初めて出会ったときのこととか、鮮明に記憶に残っています。

この中心人物は、しまねきよしさんと、いいだももさんです。しまねさんとは私は転向研で一緒になりました。しまねさんは東京外語大のフランス語学科を出ています。在学中から学生運動の活動家でした。卒業後は茨城県立取手第一高校の教諭として英語を教えるのですけど、数学もできた才子でした。いいだももさんも秀才で、東大を出て日銀に入行しました。それがなぜか活動家になり、土浦、取手、古河、下館とか霞ヶ浦も含めた常総地帯の地下責任者としてオルグ活動をやっていました。その関係から知り合い、しまねさんに入党を勧めたのです。

森本　そうなんですか。

石井　そうです。しまねさんは取手で教師をするかたわら、高校にも細胞を作って農村の青年たちとも細胞会議のようなものを開いていました。二人はこのときに出会っている。六〇年安保のときには、いいだももさんとデモの先頭に活動家として立っていました。ところが四・一七ストに反対したんです。そのため党から除名処分になりました。だから、しまねさんの転向研究は、個人体験

『近代日本社会運動史人物大事典』(1997.1)

的なところから始まっているわけです。

私としまねさんの出会いは、一九五四（昭和二九）年の転向研の第一回の研究会です。これは東京工大の鶴見研究室で開かれました。そのときのことははっきり覚えています。黒いとっくりセーターを着た方が隅のほうに座っていました。私は農民運動家なのかしらと思ったぐらい強烈な印象の人でしたね。それから、しまねさんは一九六四（昭和三九）年に高校を辞め文筆活動に入りました。だけど全く収入がなくなってしまうのです。これを支えたのが奥様でした。嶋根二葉さんです。私と奥様は親しくなり、お話をいろいろと聞くことができました。

この事典を出すときも、いいだももさんが中心になって、東中野にある事務所にみんな集まって編集会議や執筆とかよくしました。その差し入れを毎度されて、みんなを支えたんですよ。おそらく彼女にとっても、この事典が世に出ることがミッションというか、自分の人生の目標でした。この事典はそういう中で生まれてきたものなんです。

私がなぜこの人名事典を出したいと思ったかは、彼の長い読書体験から生まれた三万枚のカードを見たからです。最初に作られた二万枚は隣家の火事で消失してしまいました。このカードは例えば宮本百合子という人名に職業名が書かれ、日本文学史のプロレタリア編の本の何頁に載っているという、典拠カードでした。いわゆる文献典拠です。読書をする度に作られた文献人名索引ですね。しまねさんは資料調査と考証を自分の方法論の根本に据えていましたから、これが当時二万枚になっていました。それが隣家から出火して、三千枚を残して全部燃えてしまいました。それをまた一から作り直され三万枚のカードになりました。

大井　一からですか。

石井　ええ。その執念たるや言葉に尽くせないですね。新たにカードを作り直した視点というのが、今までの歴史は有名な人物に光を当てて、思想史が編まれていることへの疑問。消えていったマイナーな人や女性を含め運動の底辺を支えた人たちの人生を探ること、そしてそれにエピソードを交えること、つまりどういう経緯で思想を転向したかというようなことを中心テーマにして、そうした群像を取り上げたいというのが根本的な考えでした。

一九七六（昭和五一）年六月に「思想の科学」の別冊一〇「辞典の歴史と思想」で、私の作りたい事典というアンケートを出しましたが、その中で彼は「日本社会主義人名事典」という構想について既に書いていました。

一九八一（昭和五六）年に、一家をあげて大月市郊外の村に転居します。たまたまこの土地があったので、そこに移ることを決意した。奥様のお母様の援助があったと聞きました。転向研究の同窓会をやった際に彼の家に立ち寄りました。千坪程の土地に水を引いて樹木を植えて造園されていました。その村は二十数軒の部落でした。その共同体に入り込むことで、今までは観念的に見ていた日本全体を見直すというのが彼の視点として生まれたのです。そこではどういう生活していたかというと、人が亡くなると、当時は土葬なんですね、そういう手伝いから始めて、部落の共同体に入り込んでいったわけです。

転向研の同窓会は一九八三（昭和五八）年四月二一日です。甲府の山奥に横倉温泉という温泉があるんですが、雪道の中をタクシーで行ったのを覚えています。第二回目の転向同窓会でした。私は早めに彼の家に着いて、そこから集合場所の温泉旅館に行きました。その際この三万枚の人物カードを見せられたのです。もう衝撃が走りましたよ。だって焼失したのにもかかわらず、一から作り直したのですからね。

大井　さらに増えたわけですね。

石井　そう。まさに天地鳴動でした。何これって感じでした。これだったら人名事典作れるわ、私の中で編集者の気持ちが燃えたわけです。これは絶対に世に出すぞと思いました。そして世に出るまで二〇年かかりました。

この後、私は六月六日に新宿でしまねさんに会って、「日本社会主義人名事典」の編纂を旧転向メンバー中心にやろうということを決めました。九月十五日には「転向研究通信」を出して、その構想について縷々書かれました。

この「戦前社会主義人物事典編纂について」というのが彼の出した「転向研究通信」第一号（一九八三年九月十五日発行）のガリ版刷りに載っています。二号から「サスビラ通信」という名称に変わり、同年十二月一〇日に出ました。一番目はなんらかの形で社会主義思想、社会主義運動に関わった人物を可能な限り収録する。二番目に生涯にわたる軌跡を詳細記録。三番目に人名の正しい読み方を明らかにする。四番目にできる限り多数の女性を取り上げる。五番目に転向研メンバーを中心に会員やそれ以外の人にも呼び掛ける。それから六番目に編集委員会を組織し定例的会合を行う。その責任者は山領健二さんにお願いする。会員制として軌道に乗ったら石井に骨折りを頼むとあります。一九八三年から一九八五（昭和六〇）年十二月まで彼との編集のやりとりがあったのですが、胃癌のために最後は断念せざるをえなかったのです。志半ばで死んでしまうわけです。

一九八五年十一月になって体調がおもわしくなくなり、胃癌が発見されました。奥様がこれ以上進めることは無理と判断され、無念の思いで出版を断念しますとの申し出があり、十二月に奥様と直接やりとりが始まり、資料の収集や必要な本の購入などのため大高社長から前渡しされた編集費の清算等を行いました。十二月四日付の私信では、とにかく残された人生の中で「この仕事だけは妻としても主人に仕上げさせてやりたいと念じていますので、どうぞお見捨てなく今後もよろしくお願いしたい」ということでした。

私は彼について「夢も果たさず逝ってしまったじゃないの極楽とんぼ」という追悼文を書きました。またこの事典を刊行できる人は絶対いない。残念だけれどこの膨大な事典を世に出すことが出来ないと観念していたところ、それを読んだいいだももさんが、自分はしまねの酒友だ、それを石井は忘れていたのかという話を聞かされました。輿石正さんが鶴見さんに相談したら、事典を刊行するんだったら、いいだももがいいだろうと言われ、それでいいだももさんに振ったわけです。というようなことがあって一九八九（平成一）年三月十一日に、志を継ぐ酒友の努力によって編集委員会が発足しました。いいだももさんは強力なリーダーシップがある方で、七年有余をかけて前人未到の紙碑『近代日本社会運動史人物大事典』を完成したのです。五六名の編集員・事務局員二名・執筆者三七〇名の共同作業の成果です。

しまねさんの奥様がいなかったらこの事典は出なかったですね。本当に編集委員会のキーマンとして、お金の提供から食事の差し入れまで実質的な支援を惜しまれなかったです。彼女の生きがいだったのでしょうね。彼女は金銭的にも長けた、いろんなことをやれる才覚のある人だった。しまねさんがそういうことには疎い人でしたからね。だから私は極楽とんぼと書いたわけです。

この本が世に出るまで足かけ二〇年ですよ。端的に言ってしまえば、柳田国男が言うところの〝妹の力〟がここに加わったのです。達筆な文字で手紙を何通も頂きました。

森本　歴史の裏に物語ありですね。

石井　しまねさんは本当にすごい人でした。語学は流暢、文学系なのに数学が教えられる明晰さ、予備校では数学を教えていました。総じて民間にあってこういう偉業をなす人たちの奥様はさぞ大変だったろうと思います。志あって人物事典とか言葉典を作る人はその一生をかけ、家族をも巻き込んだ一大ドラマがある。きれいごとじゃないですね。表面的にはそういうふうに見えるかもしれないですが、その裏にどれだけの犠牲が払われたか。嶋根夫人は、しまねさんと結婚するときに反対されたらしい。その人たちに、しまねはこういう人間だったということを絶対知らしめたい。それは自分の意地だ。しかし意地と言ったって、あんなことは真似できないわよ。

私もいろんな著編者と付き合ったけど、事典の編集は、一つは民間アカデミズムというものが確かにあります。これは柳田国男とか折口信夫とか渋沢敬三などです。常民の生活をくまなく採録していく過程から多くの事典が生み出されていきました。もう一つはアウトローや好事家。宮武外骨がその最たる人でしょう。変人扱いにされながらも反俗を貫いた人たち、こういう人たちは正規の教育を受けてない人が多いですね、独学者が多いんです。まさに独学から生まれた偉業。この二つの世界があると、私はしみじみと感じました。

『近代日本社会運動史人物大事典』、これは私の一番の財産です。私はこの編集に直接関わりませんでした。距離を置いた方がいいという事もありましたので、それでも編集の終わり近くなって、なかなか原稿が出なくてどうしようかと大騒ぎでした。

ようやく最後の原稿があがり、刊行後、奥様が高尾山にある「うかい鳥山」の大広間を借り切って、関係者全員を呼んで感謝祭みたいなのをやったわけです。あの部屋いっぱいだったからすごかったですよ。

他に聞きたいことありますか。

大井　今お話しされた『近代日本社会運動史人物大事典』、これを作ったので『近現代日本女性人名事典』（ドメス出版）の編集につながったのですか。

石井　それとはちょっと違いますね。女性人名事典は高群逸枝が編集した『大日本女性人名辞書』（一九三二）がありますね、あれを継ぐものがその後刊行されていないという思いが強かったからです。この話は次回にしましょう。

森本　こうやってお話を聞いていて、エネルギー源というのは、先ほど言われた妹の力とカードですよね。カードの力というのも大きいですね。

石井　人力強しね。それがあるからこそです。

大井　確かに現代はパソコンに入力するのに、打っても打っても達成感はないですよね。カードっていうのは、もしかしたら物理的に増えていくのが見える達成感があるからでしょうか。

石井　二箱目になっているぞ。三箱目になったぞという所有欲というか達成感。

大井　実際にカードは作成して、排列していくと見えるものがあります。カードとカードの谷間を読むということをよく言いますが、パソコンでやっていると谷間を読めないですね。

石井　谷間というか行間を読めない。

大井　検索してこれしかありません、で終わりになるでしょう。カードを作った人は、カタロガーとして記録を作ったから、記録と記録の間にあるものを感知できるのでしょう。まさしく行間ですね。

石井　そうです。行間を読むということがなくなって、レファレンスが弱体化したと思っています。ドメスから出版した『近現代日本女性人名事典』だって結局十数年かかりましたが、事典を作るのに二〇年という経験があるからね。びくともしないわけです。でもこうやって見ると、随分とわがままな仕事をさせてもらったなと思います。採算はとれていたのでしょうか、赤字が増えるのではないかと心配するときもあります。

森本　単行本の編集と違って、事典の編集は、出版編集者がどこまで関われるかが一番の妙味ですからね。石井さんが残されたエッセンスは社内に引き継がれていると思いますよ。

石井　企画を持ち込む方はその素材自体は持っているけど、使う人の身になってどういうインデックスが必要か、年表なども作ろうかという編集者の視点が加わって利用されるツールに仕上がるのです。

ブックデータベースの構築

石井　今日が最終回になりましたけれども、今日の最初はブックデータベースの構築という話になります。これは一九八六（昭和六一）年一月から採録を開始しました。それまでは、目録というと図書館の目録で、どっちかというと所在を検索するということであって、内容情報を検索するという目録じゃなかったですね。長いこと利用者は、それを利用してきたわけですけれども、私はこれについては疑問を持っていました。というのは例えば実際にあったことなんですが、もぐらの退治法を知りたい場合に、「もぐら」というタイトルで出ている本には記載されてないんですね。それは、小動物に関する本の、章立ての中のさらに節というふうなレベルで出ていることが多い。そうすると図書館の目録では、そういう情報を探すことができないということです。

私は長年目録委員をやっていたんですが、そこでの議論というのが、ここをピリオドにするかとか、ここは一字空けるとか、国際標準目録

ブックデータ採録の様子

規則に従ってどういう符号を使おうかなど、記述の細部の検討ですね。そんなことを延々と議論をしていたわけであって、その中身の情報をどのようにして探る目録を作ろうかというようなことは全く議論されない。内容細目を記述しても、それは目次的な役割にしかすぎなくて、その目次にある情報の細部を検索することはできない。

ブックデータベースの特色としては、初めて情報を伝える本のデータベースということになります。使える情報を引き出す、使えるツールとして目録というものを作ろうということです。

それから二番目の特色というのは、異業種が協力体制をつくっていた。書籍販売の雄である紀伊國屋書店、取次の日販とトーハン、それと制作会社である日外、この四社が組んでやるということは、おそらくなかなか実現しなかったと思います。特にトーハンと日販というのは競争相手ですからね。日販はどちらかというとおっとりした殿様的な気風、トーハンは非常にアグレッシブな、まあ日販に追いつけ追い越せという感じで、非常に動きが早いところでした。あの当時こういうふうな四社が組むということはめったにないことでしょうね。

で、ここに四社を結びつけたキーマンがいたんです。これが紀伊國屋書店の取締役で、のちに実践女子短大でも教えていただいた三浦勲さんです。この方がいなかったら、おそらく実現しなかったと思いますね。

三浦さんは紀伊國屋書店のデータベース営業という領域を切り開いた方なんです。とにかく、アメリカのデータベースを率先して輸入販売した。例えば医学関係のデータベース、法律関係のデータベースとか、いろいろ代表的なデータベースがあるんですが、それを輸入して大学図書館や企業に提供するというふうな役割を負っていらしたわけです。この方も、非常に新しいもの好きですから、CD-ROMに飛びつくは、電子ブックにも飛びつくは、ということで、ニューメディアに彼は食い付いていたわけですね。日外もCD-ROMや電子ブックに飛びつく、そういうことがありました。

森本　そうすると、誕生の裏には紀伊國屋書店の三浦氏がいたということでしょうか。

石井　彼が根回しをして進めていった。ちょっと話は飛ぶんですが、一九八五（昭和六〇）年CD-ROMの出現で、紀伊國屋書店、日立製作所と共同開発した「グーテンベルク」という情報検索専用機をフランクフルト・ブックフェアに展示しました。これが紙に変わる第二のパピルスという謳い文句で、今後、紙はなくなっていくだろうという予測がありました。一九八七年には、世界で初めて多領域のCD-ROM商品を単一の検索ソフトで提供するCD-ROM検索ソフト「バイブルズ」を、これも三者共同で開発し商品化したんです。

森本　いわゆる電子化パッケージ商品の第一号ですね。

石井　そうです。しかし時代が早すぎたわね。今やっと電子書籍が少しずつ日の目を見て、紀伊國屋書店でも販売するようにもなってきたけれど、そういうふうなことを三浦さんは先駆的にやられた方なんです。

ブックデータベースの構築は本当に大変な作業なんですよ。忘れもしませんね。八六年一月の休み明けでしょうか。まずトーハンでの現物の収集。現物からコピーを取るという、作業が始まったわけです。帯、目次、奥付などから必要な情報を全部コピーしました。

たまたま事務用机を持って行かなければならないという用事があったので、ワゴン車に私と社員の斎藤久さんと二人で乗って九段坂下を抜けてトーハンに行きました。作業の中身は毎日毎日二人一組で行って、とにかくその日に入ってきた新刊全部を流通の流れに乗る前に必要な部分のコピーを全部取ってくるわけですよね。だから大変な作業なんですよ。

森本　そのときは既にコピー機を持ち込んでいたんでしょうか。

石井　いや、向こうのコピー機を借りていた。椅子などの事務用品は持ち込んだけれどね。一日も欠かさず、とにかく取次が開いているときに全部やるわけです。でもその頃新刊は年間三万冊くらいですよ。今六万冊以上でしょう。

森本　はい。

石井　だから、これは大変な作業なんですよ。今二人じゃ駄目でしょう。

森本　今は一人で全部やっていますね。

石井　ああそう。それはすごいね。一日がかりでデータの収集というのは人力作業なんですよ。このときね、私が苦心したのはデータベース構築の際の記述をどうするかという問題があった。つまり書誌記述ですよね。目録委員会でのいろんな情報もあり、八五年版「目録規則」編集の経験もあり、書名から記入する標目分離方式をやっていましたから、それにならって書名より書き出す書誌記述があって、その下位に帯情報を入れる。小説だったら帯にあらすじが書いてありますから、そういうのが入るわけです。そしてその下に目次立てを入れるというスタイルを作ったわけです。

一方一九八二（昭和五七）年に開発されたＮＩＣＥというシステムが動いていましたから、ＮＩＣＥでキーワードが全部自動的に切り出される。全く荒唐無稽のキーワードも切り出してくるから、その打ち出されたリストを見て、編集者が不要なキーワードは消していくという作業をしたわけですね。その結果データベースとして検索可能な形に持っていったわけです。だからこの作業もまた大変だったですね。

森本　最初のころは切り出されたキーワードまで整理していたわけですね。

石井　そうよ。ＮＩＣＥで切り出してきても、それをぶつけるキーワードのシソーラス的な補助的ツールはできていないでしょう。まだ立ち上がってないわけだから。人名の読みにしても全部、作業しつつ補助ツールを作っていったわけ。土台作りを並行してすすめたわけです。雨が降ろうが雪が降ろうが、取次が開いている限りはデータ収集に行かなくてはいけない。大変な作業でしたね。今はどこがやっているの。

森本　今は、データベース編集部の中にブック担当がいます。総勢五名、うちアルバイトが二名です。

石井　五名くらいの体制ね。それで輪番でいくわけね。まあ、コピー機の速度が上がった成果ですね。日外にとっては、このブックというデータベースはさっきも話したんですが、財産として本当に根幹的なデータベースになるわけですよ。まあ社会的資産でもありますね。この資産があるから、あとの世代はこれを活用できる。

　例えば分野別の図書目録やテーマごとの図書目録も簡単にできます。分類やキーワードにより引き出してくればいいんだからね。それをCD-ROMという形でもできるし、オンラインでも流すし、インターネットでも流すしというふうな、いくらでも産出できるわけです。だからブックデータベースは日外にとって資産ですよ。結局ね、このあと国会図書館にしろ、取次にしろ、書店にしろ、図書館にしても、この内容情報をブックから取り込もうというように広がっていったわけですから、ユーザーにとっても情報を引き出す有効なツールになったわけですね。あるかないかという従来の図書目録じゃなくて、情報を引き出すための、本当に有用なツールになった。日外にとってもこれが根幹のデータベースになったということが言えると思うのね。

《キーワード》

森本　ブックデータベースについては、緒方事務所で朝日新聞の索引作業をやられ、これはまだ当時はデータベースにはなってないですけれども、その電子化の一環と捉えてよろしいでしょうか。そこらへんのつながりはどうでしょう。

石井　あのね、やっぱりキーワードだと思う。というのは、新館開館に向けて、日比谷図書館で森博さんを専門職の課長として招聘したんですよ。そこで整理業務の大改革をやろうとしたわけですね。ワンライティング・システムといって、まず選書のところで書いた伝票が整理のほうまで流れていく方式です。当時は受け入れ帳簿を書いていた時代ですよ。そういうこともやったのね。目録については、森博さんは分類目録を廃止し、キーワード目録を作るという鮮明な目標があったのです。誰も分類でなんかで引かないだろう、言葉（キーワード）で引くじゃないかということがあったのですが、その方は癌で亡くなった。かなり進めていたけれども、どの方式を採用するかという決断は、私たちヒヨコ司書集団だけではできないわけです。で、森博氏を迎えたわけなんだけれど、これからという時に亡くなられました。

そのときにキーワードというのが頭にあったわけ。実際には実現しなかったのですが、ことばで引く目録のイメージがあったわけです。だから基本目録は書名目録一本、そして利用者には件名目録ではないキーワード目録という考え方です。

そのあと緒方事務所で朝日新聞の記事索引作成。記事索引は、事件に則して新しいキーワードが必要です。どんどんナウいキーワードをつけていかなきゃならないわけだからね。件名目録なんか全く使えませんでした。日々起こる事件名をつけるとか、いろんな角度からキーワードを作り出すということです。なるほどね。森さんが言っていらしたのは、こういう作業だったのかということが分かったわけです。それがつながりなんです。そしてブックデータベースのキーワードは、タイトル・著者・出版社などの書誌事項に加え、目次、要旨（あらすじ）からＮＩＣＥで取り出されたものなんですよ。そして書店的分類や本の形態などの様々な要素が付加されています。

《帯情報》

森本　あともう一点はですね。本の目次を索引化するというのは比較的思い付きやすいことだと思うのですが、帯情報をデータベースにするというのはちょっと思い付かないですよね。これはアイデアだと思っています。

石井　だって、帯にはあらすじが書いてあるのよ。だから、いくら目次情報を載せても、この本はどんな本か、帯情報が全部正しいとは言わないけれど、どんな本なのかということが簡潔に分かるでしょう。利用者は国会図書館の出納で延々一時間待って、出てきたら内容が全然違うという痛い経験を何回もしているわけですよ。大体こういう本らしいなというのは帯に書いてあるから分かるよね。

小説なんかあらすじがそこに書いてあるから、やっぱり帯情報というのはそういう意味で有用です。このあたりは、大高さんの考え方がもちろんあったと思うけれども、私としては、本が内蔵する情報まで引き出せる目録としてもっとも役立つツールと思います。これは自分が利用者として、公共図書館や国会図書館を利用して苦い経験を積んでいるからね。一時間待ってやっと出てきたと思ったら全然違う本で、また請求するという繰り返しでしたから。このときに都立中央図書館は「文学全集の細目索引」を作っていた。

森本　『東京都立中央図書館蔵合集収載翻訳文学索引　一九四五ー一九七五』ですね。

石井　そう。ダイレクトに求める情報を指示する。

これがレファレンスツールの最大の機能ですね。そうした意味で、帯情報や目次は利用者の要不要の判断基準なるんですね。

《社会的資産》

石井　今にして思えば、「ＢＯＯＫ」というデータベースは画期的な目録ですね。私たちがいろいろ悩み残業もいとわず作り上げたデータ蓄積が、日本の津々浦々の図書館、それから書店でも今使われているというのはすごいことです。一種の社会的資産です。

私がヨーロッパに行ったのが一九九〇（平成二）年頃。ドイツのフランクフルトの大きな書店に行ったときに、もうそこでは本の検索ができるようになっていました。それで紀伊國屋書店との会議のときに、紀伊國屋書店のお偉いさんにそういうことぐらいやったらどうですかと言ったら、皆さん、えーっと言って関心すらもたなかった。

森本　認知されたのが二〇〇〇（平成十二）年ぐらいです。助走に十五〜六年かかっているのかもしれませんね。東京大学総合図書館でブックデータベースを買っていただいて、そのあと遡及作業というのを東大がやった。われわれが請け負って作業をやりました。それが二〇〇〇年くらいでした。これが始まったのが一九八六（昭和六一）年ですから、足かけ十五年くらいでブックデータベースが認知されていった。

石井　大井さんなんかブックデータベースを検索なさってどうお思いになった。

大井　私は、目からうろことという感がありました。検索機能が十分ではなかったけれど、キーワードで検索して引っ張ってくることに魅力がありました。

森本　実践女子大には、ＯＰＡＣをリニューアルしたときにブックデータベースのキーワード部分を提供しました。ファセットブラウジング機能にするためにキーワード利用を考えられたのですが、キーワードは現在統制していないですから無駄なキーワードが出て来ます。それが問題になりストップしているみたいですね。

石井　そうだわね。無駄なキーワードがある。

森本　国立国会図書館が、やはりブックデータベースの特長を認めて長尾館長のときに一九六八

（昭和四三）年まで遡及分の目次を入力しました。まだ館内でしか利用できないですけど最近のものも目次を入力していますね。

石井　あ、そう。

森本　一九六九年から一九八五（昭和六〇）年までが目次未入力の空白地帯になります。ブックデータベースと国会図書館のものを利用すれば、おおよそはつながります。国会図書館が開放するかは分かりませんが。

石井　なるほどね。そうですか。やっぱりこれは社会的基本的資産ですね。

森本　そうですね。最近のものに関しては要旨目次に加えて書影・著者情報もあります。

石井　いろんな人名事典とか出ているけれど、そのレベルとはちょっと違いますね。

森本　先ほども石井さんが言われていたように、単に目録を作るなら書誌記述だけでいいだろうと思います。目録規則に則り書かなくてはならないといった時代から、一冊の本を選ぶのに必要な情報は何だろうか、原文全体のキーワード検索は重すぎるし、書誌プラス目次や帯情報は最善の手がかりデータになりますね。ブックデータベースが社会的資産となって広がってきたと思います。先見の明でしょうか。

石井　だから本当は表彰されていいんですよ。

森本　ただ認知されるのが遅かったですよね。それには日外の宣伝下手があったのかもしれませんね。

石井　それとやっぱり、そこまで引かせるのか、ということがあったんじゃないかな。

大井　日本の目録規則は、漢籍の目録を意識していると思います。本は大事なもの、貴重なもの。空気中を伝わってくるものなんか信用できないという考えが相当あったと思いますね。

石井　従来の目録は完全に所在目録の域を出ない。

森本　二〇〇〇（平成十二）年にアマゾンにデータ提供したというのが一番のインパクトですね。それが認知される大きな機会でした。

石井　そうですね。二〇〇〇年頃ね。作り始めて足かけ十五年くらい認知されなかったというか広まらなかったということなんでしょうね。

大井　日外にもそういう広報の動きがあったわけでしょう。アマゾンで一躍有名になったけど、もっと前からあることは知っていましたよ。

石井　まあね。

森本　ブックデータベースがクローズド（有料制）なオンラインサービスだったせいもあり、インターネット検索に引っかからないんですね。それでなかなか認知してもらえませんでした。

石井　そうです。やっぱりインターネットで検索がある程度できるというような形になってこないと広がらない。

大井　書誌記述を主体にしていた目録に対して、キーワードを重要視した目録を提示したということだと思います。

石井　私なんかも目録委員を何十年もやっていたけれど、ブック構築のため目録のあり方や記述について考えるチャンスが与えられたことは、得がたいことだったなと思います。

ドメス出版刊『近現代日本女性人名事典』

石井　女性人名事典への興味というのは、私はわりあい早くからあった。なぜかというと、天の半分を支えている女性が、なんで人名事典の中で、例えば『現代人物事典』（朝日新聞社）などの名だたる人名事典の中でたった五〜七％しか登場していないわけ。つまり人名事典の世界では、女性というのは市民権を得ていない。しかもその数少ない女性がどの人名事典にも出てくるわけ、金太郎飴みたいにね。これは人名事典の作り方自体が、必ず先行の人名事典を見て人選して、それから追加するというやり方だからです。

全然違う人名の選択方法。例えば『現代日本執筆者大事典』なんか著作を計量的にチェックするという違う選択方法です。別の視点での選択方法というものをとらない限りは本当に各分野で活躍している、あるいは地方で活躍している〝生きた女性〟は取り上げられないですね。

『近現代日本女性人名事典』
ドメス出版（2001.3）

女性人名事典のいろんなのが出始めたのが一九七〇（昭和四五）年後半から八〇（昭和五五）年にかけてです。これはウーマンリブ運動と切っても切れないんです。米国では一九六〇（昭和三五）年代のベトナム戦争、ベトナム反戦運動を契機にウーマンリブ運動が展開されてきた。そしてそれが女性解放の問題と運動に発展したわけですね。その動きが日本にも波及して、全共闘運動など経て、七〇年十一月日本初のウーマンリブ大会が性差別への告発というテーマで開かれるわけですね。そのあといろんなグループができた。

一九七五（昭和五〇）年から一〇年間は国際婦人年、これをうけて政府はじめ地方自治体にも男女平等推進室とか、担当とか、そういう部署ができるわけです。さらにその余波を受けて、女性センターが各地に設けられる。一九八六（昭和六一）年に男女雇用均等法が成立、これがまた力になるわけです。このような動きがあったからなんですよ。これがなかったらば「女性を主人公にした人名事典」というのは、そんなに出なかったんじゃないかと思いますね。今でも覚えているんですが、中ピ連の榎美沙子さんがピンク色のヘルメットかぶって、離婚訴訟中の男性が勤めてるところに押しかけたりとか、その様な派手なこともやっていましたよ。

それからベティ・フリーダン（Betty Friedan）が書いた『新しい女性の創造』の翻訳が一九七〇（昭和四五）年に出ていますが、私もこれを読んでいましたね。日外に入ってからちょうど新宿とか渋谷に女性の情報を集めて、女性がやる飲み屋、いわば拠点ができた。新宿は「鬼の家」とかいろんなのがあってね。そういうところに若い女性たちを連れていきました。そこに行くと、女性関係の雑誌からチラシなど種々の資料があったわけです。

私たち女性のグループで「女性人名事典」をつくりたいと願い、婦人問題の出版をやっているドメスの名編集者の鹿島光代さんのもとで一九八四（昭和五九）年研究グループをつくった。司書、家庭の主婦、研究者、編集者とかいろんな人が集まっていました。まず人名の抜き出し作業を始めたんですよ。私は日外に勤めながら参加していたわけです。

女性をあらゆる分野、また地方に至る人まで拾ったといえば、この手本は高群逸枝の『大日本女性人名辞書』でした。要するに拾ってくる典拠というのを広げない限り収録の幅は広がらない。高群逸枝は、女性史とか歴史に出てくる女性人名を全部カード化し、それ以外に地方紙もふくむ新聞とか雑誌とか、あらゆるものを典拠にして人名を拾い編んだわけです。いわゆる毒婦も入れれば、高貴なる中宮も入れるということで、重層的に下層から上層まで、ひろく地方にまで人名が浮かび上がってくる。田口卯吉が既に人名事典『大日本人名辞書』を作っていたんですけれど、それに対抗して、女性の視点ですくい上げるということをやったわけです。こういう人名事典をなぜ今作れないのかと、イメージとしてははっきりあったわけです。

それで、ちょっと話が飛ぶのですが、この『近現代日本女性人名事典』は凡例に典拠としたツールが載っています。もちろん日外の人物データベースのほか雑誌新聞に登場してくる「今日の人」とか「話題の人」とか、そういう人まで全部入っている。それから雑誌も週刊誌、総合誌、それから経済産業関係の書誌「月刊雑誌記事索引ＪＯＩＮＴ」も入っていますよ。そういうところに登場してくる人物全部を拾っています。日外の雑誌データベースも利用しました。さらに私たちは各分野の歴史書のチェックを全部やり、人名を拾ったわけですよね。そういう作業を延々やっていった成果なんですね。

これはいろいろ紆余曲折がありました。一九八四（昭和五九）年に始めた作業をもとにして出版は随分時間がかかったんですが、結局東京都の女性財団の補助金をもらい二〇〇一（平成十三）年にドメス出版で出しました。一九八四（昭和五九）年から始めて十八年かかりました。

大井　実践にいらっしゃったときに「やってるのよ」っておっしゃっておられました。

石井　そうです。私はあまりたくさんの人物を書いていないのですが。

《『年刊現代に生きる女性事典』》

石井　ドメス出版から出た『近現代日本女性人名事典』について先にお話ししてしまいましたが、まあ、私の中では今話したようなバックグラウンドがあって、それで『年刊現代に生きる女性事典』の企画が生れるわけです。このときに紀伊國屋書店の営業の方にアピールした点は、女性センターが各所にできていますから絶対にそこは買う。だから三〇〇～四〇〇冊は絶対かたい、公共図書館も買うと説明したのですが、意外と買わなかった。森本さんが言っていたように、タイトルを年刊にしたからということもあったと思います。

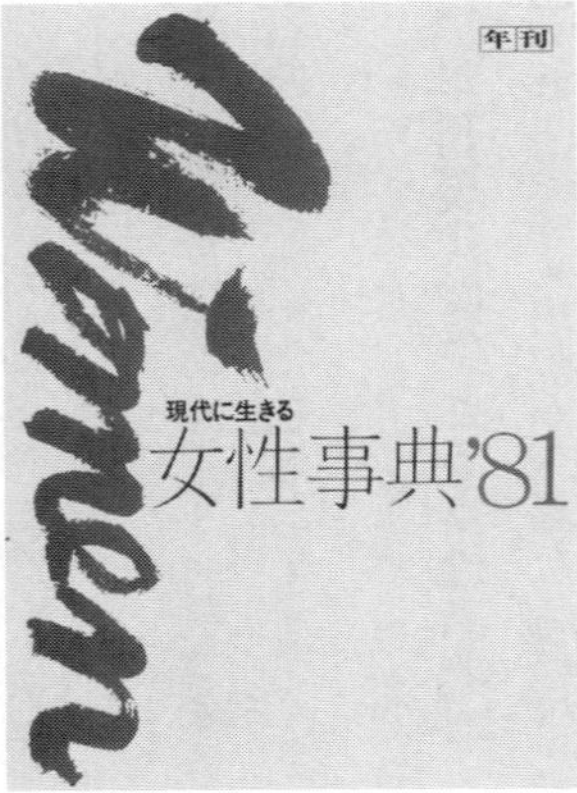

『年刊現代に生きる女性事典'81』
(1981.12)

森本　この本を見ると、今でも実に先鋭的で面白いですよ。

石井　面白いよね。私も読んでみて、よくこんな本書いたと思った。それで、今言ったような全国紙以外にブロック紙、週刊誌から総合誌、月刊誌など、そこに登場してくる人、それから図書に取り上げられる人とか、とにかく各分野で活躍している人、話題になった人が載っている。例えば縄跳び何回やったとかね、そういう人も入るけれども、女性として初めて何かをやったというふうな人たちが登場してきました。これは残念ながら売れなかった。購入に結びつかない。失敗したため次年度が出せなかった。

結局この時代に、女性がガラスの天井を破るところまで行かなかった。女性初の部長とか、女性初の課長とか、坂東眞理子さんは昭和女子大の学長ですが、彼女とちょっと一緒に仕事したことがあるのですが、当時男性の部下と一緒に飲む課長とかいうんで週刊誌に写真が出たりとかしていました。それから総合職というポジションも設けられていったわけです。

この女性人名事典で苦心したのは「出来事ダイジェスト」。それと「人物風土記」です。これは全部書きおろした。

大井　本当にバラエティに富んでいて、どこの頁開いても面白い。

石井　残念ね、なんか使えないのかしら。

森本　今ならこういうものも一般受けするんじゃないかと思いますけれどね、ただ作業は大変ですよね。

石井　大変ね。対象人物が多いのでどうやって選ぶかが問題。

森本　国主導で女性が管理職にいないというふうなこと言われていますけど、組織とはかけ離れたスポーツとか作家とかで活躍しているのは女性ばかりですね。

石井　でも、なんで今でも男女平等担当は男性の大臣や副大臣でしょうか。

大井　それこそスカートの裾を誰が踏んでいるのと言いたくなります。

石井　赤松良子さんが、一九八二（昭和五七）年に労働省婦人少年局長に就任され活躍していたとき、男女雇用機会均等法の制定に尽力された。その時代が華だったのね。今はポシャった。女性管理職を増やそうと言っていますがなかなかね。このないだ「日経新聞」の巻頭にどの会社がどれぐらい女性管理職がいるかという数字が出たけれど、非常に少ない。それで日外は？

森本　取締役はいないですね。石井さんのあといないです。

石井　残念ながら、というようなことでね。でも、現れなかったけれど一石は投じたよね。

大井　この中身、見るとやっぱり一〇～十五年くらいは早かったでしょうか。これが二〇〇〇（平成十二）年の頃に出ていたら意外と売れたかもしれないですね。

石井　だからやっぱり、電子書籍と同じで先走ったんじゃないの。

大井　一番大変なのは、今生きている人も対象にしていることです。亡くなった方の人生は固定される。難しいのは、生きている、動いているという変化をどう捉えるかですね。

石井　そう。だから今『近現代日本女性人名事典』の編集代表の山口美代子さん、年々死んだ人の記録を全部入れていますよ。しかし死亡などの情報は本（印刷物）の形態ではフォローできない。本は改訂版がでない限り、生きつづけている。だから、データベース化して更新可能にしなくてはね。

大井　今はネット社会になって検索するといろいろなものが出てくる。

石井　そう。いろんなものが出てくるから、もう本の形というのがちょっと無理ですね。

働きつづける女性

《仕事と女性》

森本　自分のやりたい仕事と女性としてのハンディはありましたか。

石井　仕事の担当の点では、ほとんどハンディを感じたことがない。ただ昇格昇任は違いますよ。

　時事通信社はたった一年だったんですが、女だからというふうな意味で差別されたことの記憶はあんまりありません。まあ大体私は、女ということを意識しなかったから差別を感じなかったのかもしれないのですが、単行本の改訂版の依頼とか、その頃心臓外科で有名な榊原先生のところに原稿取りに行ったりとか、編集者になるための基本的なことは時事通信社時代に全部教えてもらった。女だから教えないとかそういうことはなかったわね。編集者はわりにフリーで自由な考えの人が多いからかもしれません。

　都立日比谷図書館に入れば、司書といっても公務員ですから男女平等ですよね。給料も男女同一賃金。一九五七（昭和三二）年に、日比谷図書館が開館、本格的な公共図書館サービスをめざすパイオニア的な図書館として活動をはじめるわけですが、古手の図書館員は少数で、採用された司書十三名が仕事を担うわけです。満洲から引き揚げていらした課長とか係長とかの先輩はいたけども、その方たちは大学卒でない方がほとんどで、実務経験を積み重ねた仕事として目録や整理を担当していました。新しいサービスはわれわれ新規に入った連中が、一生懸命米国の本を読み、学習して実行するしかなかった。そういう状況ですから、とにかくやる気がある人がやってくれということでした。

このとき司書採用制をはじめた佐藤政孝さんが牽引車でした。この方は一九五一（昭和二六）年に土岐善麿さんが館長になられたときに教育庁から来られ、日比谷開館の基礎づくりをして教育庁へ戻り、課長、部長になり都立中央館開館へ戻ってくるという、いわば〝図書館野郎〟と言ってもよい方でした。最後は杉並区立図書館長を務められました。この方が専門職を雇うべきだという考え方で、司書採用を実現させたわけです。私もその一人ですが、とにかく新入りでも専門職としてやらなきゃならないわけ。だから、男も女もないわけで、やれる人がやって、やれたら次の新しい仕事をさせるというようなことでした。

係長も昇任試験ですから、受からなければ駄目です。課長も昇任試験です。課長試験は本当に三割も通らないという難関ですからね。だから、別にそこで男を優先しようなんてできないわけです。ただ同一になったときに同じ係長候補ならば、男を優先するということです。

森本　そうですか。

石井　だから女の人は、三倍くらい働いて認められるという感じでした。これがハンディと言えばハンディですね。

日外の場合は係長、課長、部長職は比較的差別なく、やれる人やる人が昇格していました。それは大高さんの考えだと思いますが、ただし取締役というか、経営陣に加わるには壁があったと思います。専門図書館の方々から私を役員への声は上っていたと聞きました。取締役のポストは男性にとっては出世のポストですが、女性が入ることには抵抗があると思います。大高社長は実力主義者だから、何年もかけて実現したのだと思います。大高社長は何年かじっと待っていて決めたんですよ。

この仕事は女性だからやらせないという目にあったことはないのね。それは常に新しいことを切り開いていかなきゃならないポジションというか、立場にあったからなんでしょうね。

森本　そういう意味では、日外という会社は働きやすかったということですね。

石井　仕事はきびしいですが、そうです。私は本当に日比谷図書館で十六年もよく我慢していたと思う。偏頭痛の連続でした。

大井　偏頭痛を起こしていたのですか。

石井　起こしていたのよ。緒方事務所行ったら二倍から三倍働いて、それで給料は二分の一くらいになるという状態だったけれど、全く肩凝りとはさようならでした。日外でもあんまり肩凝りとかなかったね。憤慨することは多く、すごく怒っていたけど。

大井　憤慨することは多かったけれど、それを出せたという環境と言えますか。

石井　そうね。わりに出せたと思う。

大井　歴史の長いところは、憤慨してようが怒ってようが、横を向いて言わなくちゃいけないというところがあります。

石井　それで女性管理職として苦心したこと、利点とは何かという質問ですが、私は女性という意識はあんまりなかったような気がする。どうですか、周りで見てらして。

大井　人を使う立場にあったからでしょうか。職場の中は男性もいて女性もいるけれど、上のほうは男社会ですよね。自分のやりたいことを上に伝えないと予算はつきません。そして、やるために下を動かすという形が出てきますよね。そのあたりは、どうだったのかをお聞きしたいんですが。

石井　さっきも言ったけれど、やっぱり男性の部下は反応が鈍いとか感性が悪いとか、そういう点が目立つ人が多い。女性のほうが日外の仕事については向いている。適性があるよね。どの仕事もそうかもしれないですが、データベースを作ったりにしても、アンテナ力や感性が鈍いというのは困ります。リーダーとしてどうあるべきか、かなり手厳しくしつこく説教したわね。部下の女性からあの課長はどうなっているんですか、とか言ってくるわけね。

大井　逆に女性の突き上げがあったわけですね。

石井　もちろんあるわよ。当時、課長職以上はほとんど男性しかいなかった。女性の役職者は三名でした。今どれぐらい女性がいますか。

森本　課長以上の女性は一人ですよ。係長は五人くらいでしょうか。

石井　何か退歩していますね。

森本　会社全体で男女比率というのは半分半分です。

石井　考えてみると、データベース作りは決まったタスクをこなす面が多いので、男性は企画を推進することよりもコンサバティブな業務に慣れてしまうのかな。そうした適性のある人が日外には多かったのかしら。リーダーの資質は必要ですね。例えば具体的に仕事を指示してどういう手順でやりなさい、こういうチェックカードを書きなさい、それを壁に貼りなさい、それをチェックしていきなさい、そういうことまで教えなきゃならないとしたら上司も大変ね。リーダーシップのない人に〝ユース・ユア・ヘッド〟と言っても通じない。仕事を終えて飲みに行って、鼓舞したりお説教したりしても無駄骨だったね。これは男女問わず、やる気のない人やもともと素質がない人に、五合の升に一升もろうとしても駄目。素質のない人間にいくら期待しても無駄なんだよということを私の母はよく言っていた。たまたま癌で早く亡くなった女性のライターがいて、その人が自分も男性の部下にがんがんやったけど無駄であったと言っていた。ある日そうか、もともとそういう遺伝子がない人に向かって、私は無用なことを言っているんだということに気付いたというのを読んで、なんか目からうろこが落ちた。やめなさいと言ったのに、スキーに行って骨折しちゃって休んだ人とか、それから明日から展示会をやらなきゃならないというのに、朝になってへろへろで出社できないという電話をかけてくる課長とか男性には散々てこずらされた。昇格の際きちんとチェックすべきだと思います。

森本　そうですか。

石井　電話口に呼び出して、書類はどこにあるのか問い質したことも何度かあります。こっちは陣頭指揮しなきゃならないわけでしょう。なんなんだろうね。いざ鎌倉のときに役に立たないのは。

当時私は一生懸命管理職についての実務書を読みました。チェックリストが付いていて、管理職として自分はどのぐらいのレベルに到達しているのか、駄目なのかチェックしましたよ。周りを見ても男性でお手本になる人はいないわけだから。

大井　それが厳しいんですよね。スタイルは違ってもお手本になる人が一人いるといないでは。

石井　だから自分が手本になるしかないじゃない。したがって管理職とはいかにあるべきかという実務書も多読しました。女の人たちに対しても、やっぱり仕事には厳しかった。仕事自体は楽しくやれたし、日本で初とかユニークな人名事典とかいろんなことやったから、みんな張り切って随分一生懸命やってくれたのね。だけど仕事をやり遂げるためにも、自分に厳しく向きあう姿勢をもち続けることを課した。転職させた女性の中では部長職や図書館長になっている人もいます。昼は厳しく文句も言いましたが、夜は結構ノミニケーションしていました。

森本　そうですね。私もよく連れて行って頂きました。

石井　だからぶくぶくに太ったの。皆、怒られたことにこだわらず話をしていました。利点というのは、あんまり思い付かないのですが、男の人から見れば女だから仕方ないかという点はあったのかもしれない。

ここ大一番ということはありました。一つは、『雑誌記事索引　累積版』の活用で、国会図書館の担当管理職の人と折衝していたのですが、大高さんの考え方が変わって、その再交渉が必要になった。私は風邪でダウンしていたの。そのとき、でもここで交渉しなかったら何を言われるか分からないと思ったわけ、それこそ戸板に乗せてでもいいから連れてけっていう心境でやりましたね。

もう一つは運営会議。これは本当に居直った。営業本部長になれと言われた時です。うちの亭主から、お前が営業本部長になったら会社はつぶれるよと言われていたので、社長にそう言ったら、いやそんなことはないとか言われて、営業本部長を押しつけられた。今でも忘れない情景ですが、紀伊國屋書店の部長が集まる全国営業会議に出て営業本部長として挨拶したら、皆さん〝パンダ〟を見るような顔つきでした。当時女性の営業本部長なんか考えられない時代ですからね。

日比谷時代もここ大一番ということがあった。その時もやっぱり辞表を胸に仕事をしましたよ。

《ターニングポイント》

森本　ターニングポイントはどこにありましたか。

石井　大学を出て二〇年、日外で二〇年。その後十五年。ターニングポイントね。それは都立中央図書館を子どもの問題で辞めたときです。一九七三（昭和四八）年四一歳です。学陽書房で出た「はじめに職場ありき終わりに仕事ありき」の中に書いてあります。一九七三年の石油ショックの年ね。紙が無くなるとか大騒ぎした年だわね。係長職五年目を迎えて、二〇名近い部下を持っていたわけですから。仕事のためなら、はたまた部下のためなら、嫌な男性の同僚や上司とでも適当にうまく付き合うという組織処世術を身につけ、油がのっている時です。

都立中央図書館も開館し、七年間粘りに粘った甲斐あって、あとは一〇〇人に三人という課長試験を突破すればいいという矢先、うちの一人息子がとにかく興味一点集中型で、凝らないものは勉強だけでした。小学校三年以降は、もうこの子供の面倒は見きれないわと姉に言われて、親戚からも母親がきちんと見るべきよと言われた。半年間くらい悩んだけど、結局そのとき留まれという一言が身内からないと、もう秤が辞める方に向かっていくわけです。それで泣く泣く辞めたんです。

そのときに慶應大学で一年先輩の緒方さんから声が掛かって、一緒に仕事やらないか、朝日新聞の記事索引を作っているからと言われて、緒方事務所に移ったわけです。非常に面白い仕事でしたね。だけど給料は半分になっちゃうしね。正月も新聞を家の中に積んで、もう正月も何もないわよ。せっせ、せっせと記事カード作らなきゃならないからね。特に正月は新聞の量が多いでしょう、大変な量でした。そういうのをやっていたから、もう家中啞然として、うちの息子も私の仕事にそれまではそっぽ向いていたけど、姉もまたびっくり仰天しちゃって、こんな大変な仕事に移っちゃったんだ、かわいそうなことしたなと思ったんでしょうね。

この仕事も新聞記事索引が売れないからというので一九七五（昭和五〇）年に事業中止になった。四三歳です。これから先どうしようかと考えこんだ。これがターニングポイントです。キャッチフレーズをつけたりするのも好きだったから、コピーライターにでもなるかとか、これから新しいことやろうかな、慶應の大学院に行って図書館学を教えるほうに進むかなとか、いろいろ考えたんだけど、やっぱり今まで積み上げてきたものをなんとか生かせるところはないかと思っていたところに、国会図書館の石山洋さんが声を掛けてくれて大高社長と出会ったわけです。それで一九七六（昭和五一）年に日外に入ったわけ。それから二〇年の編集者人生が始まるわけなんです。

大井　女って、結婚と育児がネック。

石井　そう。

大井　真っ直ぐ生きたいのに、そこで蹈鞴《タタラ》を踏まなくちゃいけない。そういうことはありますね。

森本　新聞などでは、育児休暇とか取ると三年ぐらい取れるそうですけど、取ったが最後戻ってきても場所すらないみたいなことを書いてありますね。

大井　これから仕事を本格的に覚えようというときに妊娠して二年ほどいなくなる。復帰して一年もしないうちに二人目ができましたという状況ですと、何年間かに渡って十分に働けない状態ができちゃうんですよね。余裕のない職場にとっては厳しいということがありますし、本人にとっては仕事をどんどん覚えて面白くなる時期に活躍できない苦しさがあると思います。

石井 日外でも産休育休制度を作った。

大井 石井先生の管理職としての一番大きな功績だと私は思っているんです。

石井 早稲田を出た女性が第一号として取ってくれると思って急いで作ったの。そしたら、その女性は取らないで辞めてしまい、それで慶應出の女性が頑張ったわけです。二人子ども産んでいるでしょう。

森本 そうですね。早稲田はいなくなりました。

石井 早稲田は駄目だわ。粘りがない。慶應の方が粘ったのよ。慶應が粘るなんてこっちは思ってないからね。でも今はもうあんまり取る人もいないでしょう。

《石井紀子の「臍」》

森本 次に石井さんの「臍」なんて変な質問ですけれどね。

石井 これ言いましょうか。転向研のときに箱根の合宿があって、藤田省三さんが、来ていたんですよ。私は大政翼賛会運動を担当して原稿を書いたのですが、そのときに藤田さんからこれ「思想」へ載せたらどうかという誘いがあった。「思想」に載ることは研究者にとっての第一歩なんです。

だけど、これも一つの選択の道だったかと思うのですが、それには応じなかった。
　それから「思想の科学」であれば、当然文章表現によって自分を示すという機会もたくさんあったわけね。それを狙っていた人たちが多い。鶴見さんに認められて、ライターや物書きになりたいという人たちが多かったですよ。私自身は文章を書くというのは好きじゃないの。

森本　でもそのわりにはいろんな文章をお書きになられて、編集者にしてはたくさん文章を残されているんではないかという気がしますけども。

石井　でも好きじゃないの。今、昭和女子大学の学長になった坂東眞理子さんは三度の飯よりも物書くのが好きなのよ。だから何冊も出版するわけです。

森本　文章を書くのが好きな人は行動的ではないですよね。

石井　そうなのよ。大井さんが「思想の科学」に書いたものも全部集めてくださったんですが、ほとんど解題書誌を作っているんですよ。だから「思想の科学」も、結局書誌活動の発表の場だったと言えます。「思想の科学」を土台にして書誌を作っている。聞書の書誌、アンダーグラウンドの事典の解題、辞書の解題とかね。
　だから日外での二〇年間というのは、常に世界一とか日本初の編集物に出会う、つまり既成のコンセプトを破っていくというのが非常に興味があったんですよ。最初からそれを狙ったわけじゃない、結果的にそうなったということです。これに付き合えたのは私の基本的な姿勢にある。つまり

「臍」は、混沌としたカオスの状態の中で大高さんがアイデアを出すでしょう、夢みたいなアドバルーンを。それで、そのアイデアを形にすることで大高さんの目の前にどうぞと差し出すことに興味があった。ツール作りとか、もの作りというのは無から有を生じる仕事です。分からない状態から形にするんだから、そういうことに限りなく興味を持っていたんですよ。

森本　なるほど。

石井　だからね、徹夜仕事とか休日出勤など苦しいときもありましたけれど、好奇心と物を形にすることへの興味とか気質ね、そういう気質、これが日外の仕事にあったんだと思います。これは転職四回目でたどり着いた私にとってのミッションなんです。

私の場合、メンテナンスは全く興味がない。例えば、図書館の仕事だったら、目録規則とか収集方針は作るでしょう。けれども、目録のファイリング、繰り入れたりとか、そういうことに全く興味がない。だからそういう気質をのみ込んで、チャンスを限りなく与えて下さった大高さんには本当に感謝したいです。だって、出す企画の中でよっぽどばかげた企画でない限り、彼はノーと言わなかった。

森本　そこらへんが面白いですね。お話を聞いていると、大高社長と石井さん、唯我独尊系の方が二人いてぶつかりそうな感じなんですけど、男性と女性でお互いに補完しえていたのでしょうか。

石井　かもしれないね。だから私はきっとね、社長とかそういうトップリーダーに立つことはしないけれど、補佐的な仕事が適任だったのかもしれない。

大井　お話を伺っていると、大高さんはおおらかな方でそこに座っている。先生は取り組むと急発進してダーッと走っていく。そういう部分がお互いにうまくいったのかなという気がします。

石井　どうでしょう。大高さんに聞いてみないと分からないですね。

大井　石井先生の性格どう思いますかとか、ご自分との相性とかインタビューしたくなりますね。

石井　森本さん感想をどうぞ。

森本　うらやましいですね。会社に入って、日本一世界一のものを作りたいという希望をサポートしてくれるっていうのはね。今や日本一世界一になるというのは難しいですからね。

石井　そういう意味では大変だったけれど、チャンスに恵まれたんでしょうね。だから仕事はもう十分やり遂げたという感じはしている。それがあったからこそ常磐大や実践女子短大の教育者になっても、新しい情報の提供とか最先端のものを、ものにしてやるということを続けていました。

第三章　教育の世界へ

聞き手　松尾昇治・大井三代子

常磐大学から実践女子短期大学へ

松尾　日外の後に常磐大学で図書館学の講座を持たれていましたね。どういう経緯だったのでしょうか。

石井　一九九六（平成八）年から二年間、常磐大学人間科学部の非常勤講師をしていました。図書館情報学の講義を担当しました。この経緯というのは、一九九六年の六月に日外アソシエーツ取締役営業本部長を退任することが決まりまして、この後、大学院に行こうかとか、いろんな可能性を検討していました。そうしたら、専門図書館のリーダーだった末吉哲郎さんが経団連図書館を退職後に常磐大学の非常勤講師に決まっていたんですが、彼は財界から寄付を集めるのがすごく上手な方だったので、その実力を認められて、八月になって急に新国立劇場の理事に就任されたのです。それで常磐大学の代理に推

実践女子短期大学校舎遠景

薦するからという話が持ち上がり、それがきっかけでした。常磐大学の図書館学の主任教授は、私の恩師の濵田敏郎先生だったので、先生をお訪ねしましたら大歓迎ということになったんです。常磐大には文学部はありません。実学系の大学として地元企業へ就職させることが教育の重要な目的の一つとして設立されていました。当時、人間科学部しかなく、私が着任した一九九六年に国際学部が新たにできたところでした。ここで参考業務演習、組織情報管理演習、情報サービス概説を受け持ちました。

松尾　企業から教育の世界へ行くことについて、戸惑いといったようなものはありましたか。

石井　一九八〇年代にCD-ROMや電子ブックなどのニューメディアを「新グーテンベルク誕生」とPRし盛り上がっていた頃に、慶應大学の日吉で通信教育のサマーキャンプがありました。そこで、ニューメディアの普及もかねて、濵田先生の授業中にそれらを持ち込み説明したことがあります。そのため社会人に対して教えるという経験はある程度無きにしもあらずでした。企業から教育の場へ行くということも、そんなに驚かないでスッと入れましたね。

松尾　常磐大学での授業はどんなことをなさったのですか。

石井　文学部がありませんから、学生をグループ分けして企業研究をさせました。まず企業研究にはどういう資料が必要かという観点から、グループを組ませて各々の企業を選ばせ、どういう企業なのか調査レポートを出させました。実践ですよね。実際に役に立つということを理解させないと、図書館学なんて身につかないわけですね。

松尾　そうですねえ。

石井　でもね、履修する学生が三〇〇人位いたのですよ。

松尾　そんなにたくさんの学生が聴講しているのですか。

石井　教室は大講堂で、演台が一段高い所にありました。そこでやるわけですが、演説しなきゃならないわけです。マイク持って右から左へ動き回るような授業をやっていました。すごく熱心な男の学生がいて、いつも演台下の真ん前に座るんですよ。その子がね、またできないんですよ、レポート書かせてもね。でも必ず出席するのね。だけど成績的には落とさざるをえない。こんなに熱心なのに落第させたら殴られるんじゃないかと怖かったです。それに私より背も高いでしょう、囲まれると威圧されちゃいますからね。

松尾　そうですね。それにしても三〇〇人はすごいですね。

石井　図書館に勤めるわけでもないのにね。濵田先生の一声があったかどうかは知らないですが、私もびっくりしました。

松尾　学生の反応はどうでしたか。

石井　ある男子学生が「図書館学って全部同じじゃないか、どの科目を聴講してもはっきりと識別できない」とつぶやいたんですね。それを聞いて、授業というのはメリハリをつけて、この事をしっかり覚えなさいと教えないと駄目だなというのを痛感しました。それが基本方針になりました。各科目の授業が終わった時に、必ず「総括」というまとめのペーパーを作り、この科目で絶対覚えなきゃならない要点を列記し、さらに基本用語を解説し授業をしめくくることにしました。例えば「図書館概論」だったら、各種図書館の特質は何かをはっきりと表示しなさいとか、これとこれを比較しなさいなどの設問も含めて説明しました。その中から試験問題を出しました。学生には総括をしっかり学習するよう指示しノート持ち込み厳禁にしました。

テキストづくりも苦労しました。慶應義塾大学のクラスメートで、国会図書館に勤務のかたわら図書館学を教えていた金中利和さんに教えを請うたのですが、自分のテキストは公開しないとのことでした。内容を公開して互いにベストなテキストを作っていくという考え方は慣習的になかったですね。JLA（日本図書館協会）のテキスト一辺倒でした。今は公開されるようになりましたがね。

松尾　常盤大学から実践女子短期大学に移ることになった経緯はどういうことだったのでしょうか。

石井　実践に来ることになったのは長倉美恵子先生とのご縁です。長倉先生は、慶應義塾大学のライブラリースクールのクラスメートです。

松尾　そうですよね。

石井　彼女は東北大学英文科の出身でした。それからライブラリースクールに入学をしました。当時、ライブラリースクールは文学部にありましたけれども、何も二年間学士入学して履修する必要はないんですよ。ライブラリースクールは一年でも出られました。彼女はその一年のコースを選んで、一九五五（昭和三〇）年四月に入学しました。私は二年コースを選びました。長倉さんはライブラリースクールで司書資格（文部省の決めた科目以外にも教科は多かったと記憶）を取得。留学したいという意気に燃えていました。あそこにしようかしら、ここに行こうかしらと言っていましたから、とにかく受けられる所ならどこでもいいんじゃないの、テキサスでいいじゃない、とか言いながら早く行くよう勧めました。長倉先生にこの間お会いしましたら、主任教授のロバート・L・ギトラー先生が留学の認定権限を持っていたので、あんまり語学はできなかったけど、内緒で行かせてもらっちゃったのよ、などの裏話を聞かせていただきました。一九五六（昭和三一）年の九月にアメリカへ留学するんです。長倉さんのお家は宇都宮だったので、横浜から氷川丸に乗船するのに宇都宮から来るのも大変でしょう。だから、前日に私の家に泊まってもらいました。長倉先生は今も一宿一飯の恩義があると私に言うんですよ。

そういういきさつがあってね、長倉さんはアメリカのウエスタン・ミシガン大学大学院修士課程（図書館学専攻）に入学なされました。終了されて帰国されたのですが、当時、アメリカで図書館学修士課程を習得した人を雇うようなところはありませんでした。特に公共図書館では、都立日比谷図書館以外に専門職採用制度はありませんでしたからね。

松尾　そうですね。

石井　仕方なくアメリカ文化センターに入ったわけですが、慶應大学のライブラリースクールでクラスメートだった稲川薫さんという方がすでにいらしたので、岡田温先生のお世話で図書館短大の助手をやったんですよ。でもよく受け入れられたと思います。慶應のライブラリースクールを出て、さらに留学された方をね。その後、国立教育研究所を経て東京学芸大学で教鞭をとられ、定年後に実践女子大学に移られた。

帰国されてからは、そんなに深く付き合うことはなくなり、友人として会合で会う程度でした。一九九六（平成八）年、私が六四歳のときに、夏に突然、長倉先生から電話がありました。実践女子短期大学で図書館学課程を新設することになり、教員を一名募集している、実は長倉先生の後輩でウエスタン・ミシガン大学出の若い人を推薦したいので、悪いけれど当て馬で履歴書を出してくれないかしらとおっしゃられたんですよ。適当なのでよいなら出しとくわと言って、実績とか業績や論文名などを省略した履歴書を送りました。そうしたら、主任教授の倉島啓治先生が本命の方を駄目出しされたんです。倉島先生はカウンセラーの資格も持っておられたので、見抜かれたのでしょうか。それで突然、あなたになったよ。あなたしかいないって長倉先生から電話がかかってきました。だから、履歴書の補足も出し直しとか何もありませんでした。

大井　常磐大で教鞭をとっていたことも省いていらっしゃったそうです。

松尾　常磐大での経歴も省いておられたのですか。

石井　論文リストもいちいち作っていられない、という履歴書の内容でした。倉島先生にお会いしたら、本当に教育に興味がありますかと質問されて、日外で勤務のかたわら、また退職後に少し経験があるからと話しました。そうか常磐大でやっていたんだと、経歴を話したらもう十分ですよということになり、選考委員会にかけられた次第です。

石井　今村秀夫先生が心配して、五年では気の毒ではないかとおっしゃられたようですが、そういう風には考えなかったですね。だって、定年後に七〇歳まで務められるのですからね。

松尾　そうですよね。

教育方針と環境の整備

石井　短大は新設課程でしたから、研究室に本も一冊もなく、私の机とかファイルボックスくらいしかありませんでした。研究に必要な備品類もないカラ部屋です。そのときに大井三代子さんが庶務にいてくださったおかげで、吉田智昌庶務課長の方も非常に協力的に予算措置をしてくださいました。私一人でしたからね、事務の方々が同情してくださって手助けをしてくださいました。予算の使い方から、不足分をいろんなところから補ってくださり、すごく支援してくださいました。

松尾　どのような教育方針を立てられたのでしょうか。

石井　当初からの教育方針として、一、情報リテラシーの養成　二、基礎科目から演習などの応用科目への積み上げ方式の採用　三、課題による自主的な学習の実施　の三点を重点にしました。研究室の活用として、図書館情報学について最新の情報を得ることができるよう、さらに情報の検索を体験できる実験室のような組み立てをしたいと思ったわけです。

一九九八（平成一〇）年〜一九九九年度にかけて、研究室の端末でＷｅｂ上での情報検索、ＣＤ-ＲＯＭや電子ブックでの情報検索を含めマルチメディア体験が可能になるように、ハード、ソフトを整備しました。一九九九年度春から学生に研究室を開放し、個別に体験学習を実施しました。一九九九年度から「情報検索演習」の課目中、コンピュータ演習室でＷｅｂによる書誌情報、人物情報の検索演習が可能となるよう予算措置をしました。

二〇〇〇（平成十二）年度春から研究室独自で、資格取得のためのガイダンスを盛ったホームページを開設しました。学習内容や勉強方法について繰り返し確認できるようなネットワーク環境づくりを実現、またｉモードによる周知もテストしました。さらに図書館現場でのホームページ開設が増加している現状に対応するために、「情報機器論」の課目でホームページ作成の実習指導が可能となるよう、パソコン、スキャナー、デジタルカメラなどのハードを整備しました。一部機器の購入や接続などが未了でしたので、二〇〇一年度から実施となりました。

二〇〇〇年九月からは、ＬＡＮにより研究室から図書館のサーバーにあるＣＤ-ＲＯＭ等の検索が可能になったので、学生がＯＰＡＣでの情報検索が可能になるように要望しました。

また、教材開発として二〇〇一年二月に、小野沢永秀先生と共同で情報検索演習用にＣＤ‐ＲＯＭ版を作りました。「一　情報サービス概説」を私が、「二　資料情報組織法」を小野沢先生が執筆しました。

いわゆる実験室的研究室を実現することができたわけです。Ｗｅｂ上での情報検索、ＣＤ‐ＲＯＭでの検索など、必要なツールをほぼ揃えてくださいました。それから、情報検索がもっと可能になるような予算措置の他、二〇〇〇年度には研究室独自で、資格取得のためのガイダンスを中心にしたホームページを作成しました〈資料１・２　二七二〜二七五頁〉。学生は、研究室に来てＣＤ‐ＲＯＭを検索すればどのように学習したらよいかを知ることができました。本当に庶務の方々を中心にして、短大での事務的な支援があったから実現できたことで、心から感謝しています。

それから、その当時、携帯電話は学生も持っていなかったですね。

松尾　まだなかったですね。

石井　携帯電話を使い、休講などの情報入手ができるようにと試みました。これは日外の若いシステムエンジニアの方が手助けをしてくれ可能になりました。また「情報化社会」という言葉がまだ耳慣れない時に、既にコミュニティ・ネットワークの講習や普及活動をしていた若いママさんの渋谷尚美さんが、入力から全面的に手助けしてくれたんですね。そういう手助けがあって、環境づくりが少しずつできていきました。私一人ではとてもできないですよ。私はメカに弱い古い人間だからね。

松尾 研究室は二つありましたよね。

石井 ええ、私の部屋の前にもう一つありました。

松尾 パソコンなどいろいろ置いてありましたね。

石井 そこを学生が自由に使えるという環境にしたかったのです。もちろん私がいる研究室の中にも置いて、どちらでもできるようにしました。

大井 携帯電話を使って情報検索をするというのは驚きました。その頃、携帯電話を持っている学生も多くなかったし、職員も少なかったですね。携帯電話の活用は、石井先生が一番早かったと思います。

石井 大学でそういうことを先進的にやっていた美学美術史学科の片桐頼継先生と意気投合しました。新しい情報メディアを使って、例えばユダの裏切りのシーンを見るにはどうすればよいか、授業のテキストの入手方法など、様々な情報時代の環境整備について話し合いました。

大井 片桐先生はイタリア美術史、レオナルド・ダ・ヴィンチの研究をなさっていました。二〇〇六（平成十八）年一〇月に四九歳で亡くなられました。

石井 早くに亡くなられて、有能な方だっただけに残念ですね。

大井　学生は研究室へ自由に出入りしてトライしたということですが、彼女たちの反応はどうでしたか。

石井　新しい情報機器を使うことからして、やっぱりびっくりよね。こんな事もできるんだと若いから面白がっていましたわね。

大井　研究室にCD-ROMのプレスもあって、見せていただいたことがあります。

松尾　いろいろな物がありましたね。今も渋谷キャンパスの研究室に持ってきて保存してあります。

大井　倉島先生は視聴覚資料の授業を担当されて、学生にテーマを持たせてビデオ制作をさせていらっしゃいました。

石井　それもあって、向かいの研究室でできるように整備したんです。

大井　学生が「図書館の利用案内」というビデオ制作をしたことがあり、倉島先生からその学生の面倒を見るようにと言われました。ビデオカメラを持って撮影し、ナレーションも自分たちで吹き込みました。私は国文学科の教授の野村精一先生にお願いして、大学院生にモデルになってもらい巻物などの貴重書を閲覧する様子を撮影することができました。

松尾　そうでしたか。

大井　そういうことを思い出すと、倉島先生は石井先生とかなり近いものがあるように思います。

石井　私はデータベースカンパニーと称した会社に在職していたわけですからね。そういう所で得た情報や経験を提供できないのではしょうがない。積み上げてきた知識、情報、経験をもとに全力投球したいという熱望がありました。そして、情報を入手する新しい方法を具体的に示したいと思っていました。特別講座なんかで先生方をお呼びするときも、一番新しいことをやっている方をお呼びして、刺激を与えるということをやりました。私の気質もありますが、企業から教育現場に行くということに抵抗はありませんでしたね。

授業方針

松尾　授業をすすめるにあたって、どんなことを意識されたのでしょうか。

石井　そうですね。前にも話したように、情報環境の整備ということを視点の一つに据えたわけです。今は「図書館」に「情報学」が付きますね。その「情報学」にウエートを置きたいと。第一に最新の情報の提供をする。つまり講座も授業も教材でも最新のことをやる。だから新聞五紙ぐらいは必ずチェックをする。新聞も読まない学生たちに、「新聞を読む」ことをかなり教えました。情報を得るには常にアンテナを張ることが大事なんだということを力説しました。それから二番目に、研究室の環境整備には最新の情報に対応できる、ハードやソフトを完備する。これは吉田課長さんがよく理解くださり、大井さんがいたので本当に助かりましたね。大井さんと出会わなかったらできなかったかもしれないですね。

大井　私は一九九三（平成五）年に、図書館から短大庶務課に異動しました。六年いました。新しい図書館学課程に研究室ができて、専任の先生として石井紀子先生がお見えになると聞いて驚きました。書誌作成で著名な先生が見えると思って嬉しかったですね。

石井　すごく助けていただいたのですよ。やっぱり一人では、先生も経験してらっしゃるけど、大変ですよね。

松尾　大変ですよ。

石井　ちょっとこれを手伝ってもらいたいなと思ってもね、そうもいかないし。

松尾　一年二年の間は大変でしたね。

大井　専任の先生の研究室に予算がない。短大の事務長と庶務課長が相談して石井先生の出張費など配慮してくれました。

石井　金沢工業大学で毎年行われる情報関係の国際フォーラムに、一年目にして出張できたのには驚きました。

大井　石井先生がなさろうとしていたことを理解してくれたと思います。

石井　そうですね。皆さん協力してくださってね。ほんと、あたたかいご支援があったからこそできたんですね。お世話になりましたよ。

大井　事務職員も、就職支援などで石井先生を頼りにしました。

石井　図書館学は実学ですから、実際に就職の実績が上がらなければ、その資格を生かしたいという学生にはその先の道が見えないじゃないですか。授業評価も先立ってやりました。

松尾　まだ短大や大学でもやってないときに授業評価をなさったのですか。

石井　そうです。先生たちにしてみれば、あんなばかな学生に私の評価ができるかと思っている節があるでしょう。教員が一方的に授業で話すだけでなく、学生がどう理解しているか感じているかを知ることは大事なことだと思いました。

《学生へのアンケート》

松尾　それがアンケートの実施につながったわけですね。

石井　学生一人一人の希望を聞いて、それで個別指導ができるようにしよう。これは長倉先生がいらしたからできたことです。まず受講したい学生一人一人にアンケートを取りました。さらに短大の、あの大きな講堂で図書館学のオリエンテーションをやりました。あそこにびっしり、大学の学生も聞きに来ました。そのときにアンケートを取り、どうして司書資格を取りたいのか、どこに就職したいのかなどつかむことができるわけです。次に図書館学課程受講生へのアンケート。図書館をどういうふうに利用したかなど、もっと具体的なアンケートです。

この間、長倉先生に会ったら、学生数も一人で見られる限度があるっておっしゃっていました。したがって、先生は人数を絞り込むためテストを実施なさっていました。本当はテストの絞り込みなんかやらないで、大勢来たので、もう一人教員増やすよう何故言わなかったのだろうかともおっしゃっていました。彼女も一人でやらなくちゃならないから、テストを実施せざるをえませんでした。さらにアンケートを重ねて、それから面接もやっていましたね。非常に丁寧に一人一人の学生の指導をなさっていました。

松尾　一人一人丁寧に指導をなさったのですね。

石井　とにかく個別に指導ができるように種々と工夫なさっていました。おそらく、それまでは誰もやっていなかったのじゃないでしょうか。

大井　やっていなかったと思います。

石井　私が来て、一緒にやれることになったからでしょうか。

大井　紀要にも書いてありますが、それまでは申し込み順でした。私は三回生ですが、募集人数は八〇人だったと思います。実際には九〇人位いたようです。当時の大学図書館長で講座を担当されていた三谷栄一先生のお話しでは、その位の人数なら講座をやっていけるだろうとのことでした。

《テキストの作成と公開》

松尾　次にテキスト作成についてお話しいただけますか。

石井　常磐大学のところでもお話ししましたが、テキストは全部手づくりしました〈資料3・4 二七六〜二七七頁〉。何しろ私は、さっきもお話ししたように教材などは全部公開すべきというか、私物化しないという考えでした。すべて石川先生に引き継いだんですね。その後どうなったかは分からないけれども。金沢幾子先生も私が作った教材を使ってくださっていました。その教材は都立図書館の後輩、木村八重子さんにも渡しました。木村さんは、国会図書館にいた近世文学・浮世絵研究の大家の鈴木重三さんのお弟子さんで、専門は草双紙の研究です。日本で開催されたＩＦＬＡの大会でも講演されました。

松尾　そうなんですか。

石井　木村さんが名古屋の大学で図書館学を教えることになり、テキストを全部渡しました。すごく助かったとのことでした。

大井　金沢先生が、石井先生のテキストは基本的で骨格がはっきりしているので、大半をそのまま使わせていただき、新しいことをつけ加えたり、配布資料に工夫を加えたりする程度で済んだので、とてもありがたく思ったとおっしゃっていました。

石井　金沢先生は専門資料論で使ってくださいました。だいぶ活用してくださったようですね。

大井　最初の頃の授業は、石井先生のテキストを忠実に進めて、テストもやっていらっしゃったそうです。しかし盛りだくさんなので、学生から負担が大きいという声が出て、テストは行わなくなり、配布資料の分量も少なくしたそうです。学生の様子も変わってきたということでしょうか。

石井　教材の作成はすごく大変ですよね。松尾先生も最初はご苦労なされたでしょう。

松尾　そうなんです。石川先生とは充分な引き継ぎができませんでした。

石井　えっ。

松尾　引き継ぐものが殆どありませんでした。

石井　そうでしたか。

松尾　結局自分で作っていかなくちゃならなかった。ほんとに大変だったです。

石井　飛ぶ鳥跡を濁さずって、全部持っていかれたのかしら。公開すればよいのに。そうやって引き継いでいき、修正したり膨らましていけば授業に適した教材ができていくはずなんですけどね。

《授業での工夫―図書館学は実学》

松尾　その他にも工夫されたことがありますか。

石井　短大ではありませんでしたが、大学はおしゃべりが多いのね。人数が多いせいもありますね。だからね、当時サッカーが流行り始めたときで、イエローカードとレッドカードを出したの。

松尾　なるほどね。

石井　そうしたらね、レッドカードをもらいたくてわざと騒ぐ学生が出たんです。黙りなさいと言うより「はい、レッドカード」、「あなたはイエローカード」というふうにね。我ながらよく思いついたなと思います。楽しかったですよ、いろいろ工夫しましたからね。

大井　そうそう、とても印象に残っているものがあります。レポートの評価に、良いものにハナマルを書き、さらに良いものにはgoodと書くんです。

石井　ハナマルとgoodを入れてハナマルキ（花丸記）と呼んでいました。

松尾　それはおもしろいですね。

大井　学生はすごく励みになったと思うんですよね。

松尾　分かります、わかります。

石井　もう一つはですね、個別指導でこの学生は図書館に勤めたいのか、一応資格を取っておこうというタイプなのかということが分かりますよね。短大の場合には、だいたい三〇人か多くて四〇人です。大学は何百人という人数です。学生に「あなたたちが、明日から図書館の仕事に就いても必要最小限のことはできるようにする。レポートがたくさんあるけれど、ついていらっしゃい」と言い、そのため授業は工夫せざるをえなかった。

例えばね、レファレンスでは資料をＯＨＰで表示し、その印刷物を全部パターン化して配りました〈資料5・6　二七八〜二七九頁〉。これを見れば、文献探索の基本はこういうもので、こうした参考文献を調べれば能率的だということが分かります。これを持っていれば、今日からでもある程度仕事ができるんですよ。

松尾　そういうことですね。

石井　百科事典をどういうふうに検索するか、こういう質問のときはどの事典を活用するかなどです。深いことはできなくても、これを持っていればある程度基本的な質問には応じることができます。

大井　基本ツールのツールですね。

石井　こういうまとめ方は、図書館学関係のテキストでは多分していないと思うのね。

松尾　そうですね。

石井　日外でツールを作った経験があるので、指示できた事だと思います。「事典のインデックス事典」を作成した経験知を展開したのですが、やはり資料作りは大変でした。

松尾　それはレファレンスの演習でしたことですか。二つありますよね、いわゆる基本を教えるのと、それを受けてやる演習と。

石井　基本だったと思います。演習はテーマを選ばせて、実際に探索させるというやり方でしたからね。明日から図書館の仕事に就いても困らないように、最低限のことはできるように、図書館学は実学と言われる所以なんだよ、ということを教えたかったのです。それでね、おかしかったのは学生の一人がアルバイトとして公共図書館に雇われたの、そしたら図書館員よりできたのよね。

松尾 なるほど、実学の効果大いにあったわけですね。

石井 既成の図書館員はそんなふうにパターン化して習ってないはずですからね。よかったじゃないの、いい経験をしたわねと笑い合いました。

《レポート読みは大仕事》

松尾 課程の内容が大幅に変わった最初の年に石井先生は就任されましたね。

石井 そうですね。新しい科目改正には最初から対応しました。だから、それについては苦労したことはなかったように思います。苦労したのはレポート読みです。

松尾 レポート評価は大変ですよね。

石井 大学は生徒数が半端じゃない。

松尾 大学は三〇〇位の人数ですね。

石井 レファレンスツールをきちんと調べることを指示しました。この課題について何を使って調べるか、その結果はどうなったかをです。当時、インターネット上の情報量は十分ではなかったですが、インターネットで調べたものを提出するのは絶対駄目、裏付けとして資料をきちんとチェックしなきゃ駄目ですと釘を差しました。レポートに私はコメントを付け、評価としてハナマルキを書きました。大変でしたね。一時間に三人位しか読めないんです。でもね、その回答の中に自分も知らないツールも出てくるんですよね。それは勉強になりましたね。

松尾　出てきますよね。

石井　レポート読みは、ほんとうに大仕事でした。毎日毎日一時間に何人やらなくちゃとか、いつまでに仕上げなきゃとかありましたものね。

それから資料組織法を通年科目にした理由は、前期で資料組織法の基本を教えて、そして後半で実習を行うためです。

松尾　実習もされましたか。

石井　それから教材開発では、先にも触れましたが小野沢先生と共同で、情報検索演習用に情報科学技術協会編『資料組織法』のCD-ROM版を作りました。これも日外のシステムエンジニアの方が協力してくれて、土曜日の午後にやって来て作成してくれました。

松尾　そうでしたか。当時、CD-ROMへのリンクが張ってありましたね。

《紀要への執筆》

大井　着任された年に、倉島先生から紀要に執筆するようお話があったそうですが、そのあたりのことをお伺いしたいと思います。

石井　倉島先生という方は素晴らしい先生だったと思います。論文を大学紀要に書いたことのない人間にすぐ紀要に書きなさいと指示されました。

松尾　なるほどね。

石井　やっぱり違うなって思いました。

大井　私はそのことを伺って、着任早々で大変ですねと申し上げた覚えがあります。倉島先生は石井先生の実力をよく見抜かれていたと思います。

石井　驚いて目を白黒させましたよ。だって入ったばっかりでしょ。最初の最初から言われたものですからね。心が引き締まりました。今どうなさっているのでしょうか。

大井　退職なされる頃は頸椎の病気でつらそうでした。今のご様子は存じません。

石井　素晴らしい先生でしたね。人の心の動きを読むというか、この人はこれを与えてもやるだろうとかね。

松尾　なるほど、そうでしたか。

大井　倉島先生はメディアをとても意識なされていたように思いますね。

石井　そうですね。

短大・大学の印象

松尾　今の学生と比べると、当時の短大生は優秀だったのじゃないですかね。

石井　講座を受けるということ自体、かなり選ばれているわけね、意欲のある学生が来ました。だから、三〇から四〇人の中で駄目な学生は二人位でした。小田原から通って来る学生も結構いたんですよね。そうするとね、朝一番の授業に出るには小田原駅を六時ですよ。それでもやって来ましたね。

　短大生は通常の専門の履修以外に図書館学を取り、しかもレポートが多いという評判でしたから、大変な努力が必要なんですね。それでもみんな目が輝いていました。授業が終わって午後六時を過ぎても、仲間同士で助け合ったりしながら図書館でレポートを作成している姿をよく目にしました。

　沢山の思い出の中でも、最も強く心に残り、私自身を大きく成長させたもの、それは図書館学課程であると断言できます。日々宿題に追われ、開館から閉館まで図書館にいるという生活の中で、何度もめげそうになり、投げ出したら楽になるなと思ったかわかりません。しかし司書資格を取得することができた今、提出期限に追われたあの忙しい毎日を振り返ってみると、今までで一番充実した時間を過ごしていたように思われてなりません。これほどまでに、やればやっただけ知識が身に付いていくことを肌で感じ取れたことはありませんでしたし、生涯の目標となる石井紀子先生との出会い、また図書館に行けば必ず会える仲間たちとの交流は、辛かったことを忘れさせるほど心温まるものでした。

「思い出の鍵」藤原麻里恵記（抜粋）

授業の中で一番印象に残っていた学生は藤原麻理恵さんです。藤原さんは「実践だより」に、「短大の中で一番印象に残ったのは図書館学の授業だ。これがあってよかった。」と非常にはっきりと書いてくださってね。私にとって応援のエールになるようなメッセージを贈ってくれたのです。この学生はすごく優秀なレポートを出しました。他に感心したのは二・二六事件のビラについて調べよという課題について、あの当時の記録を全部まとめた本があるので、みんなその本で回答してくるんですが、検索の好きな学生はあれこれ調べたんですね。その結果、なんと神田の神保町に住んでビラを持っている人を探しあてました。これには驚きましたね。レポートも大学生顔負けの優秀なものでした。

藤原さんは卒業後に銀行に勤めたのですが、上司の男性係長が高卒だったので、すごくいじめられちゃって大変でしたね。結局、銀行を辞め、一時、精神的にも落ち込みいろいろあったようですが、その後はすごく幸せな家庭生活を送っています。お子さんも二人いてね。

松尾　卒業後もお互いにそうした人生に触れ得るのはうらやましいですね。女性ならではのお話でいいですね。

石井　大学ではありませんでしたが、短大の卒業生二人の結婚式に呼ばれました。主賓として祝辞を言わなければならないので大変でした。

学業的には大作光子さんが短大から初めて大学へ行きました。進学したいと言われたときに、東洋大学の教育学部で教えていらした先生がおられたので、お願いをして東洋大学の二部に昼間働きながら行き、さらに筑波の図書館情報大学へ行きました。研究者としての道を志し大学院にすすみましたが、現在は司書教諭として明星学園の現場で働いています。しかもお子さん二人かかえて頑張っています。大学にも筑波に行った人はいるけれども、ああいうふうにチャレンジ精神旺盛な学生はいなかったと思います。痩せているけれど、バイタリティーのある学生でね、アメリカへ行ったり、いろんなことを自分で貯めたお金でやっています。

松尾　私は現役のときに、アメリカの図書館見学ツアーに二週間行ってきました。ニューメキシコ州です。そのときに大作光子さんが学生で、一緒に参加して来ました。そのときに初めてお会いしました。

石井　ああ、そうでしたか。

松尾　実践の卒業生とは全く知らなくて。

大井　彼女は生活文化学科の卒業生です。

松尾　大倉先生の教え子だと言っていました。

大井　生活文化の卒業生は、地域の生活の中に根ざしていくという人が多いのではないでしょうか。大作さんは石井先生の影響を受けて図書館学の道に進みました。短大の生活文化学科としては初めてです。

石井　ああいう学生が輩出できるとは思わなかったですね。教員冥利に尽きますね。大学では、どうしても日外アソシエーツに勤めたいという学生がいました。木村月子さんです。編集者としてお子さん二人抱えて勤めていますね。推薦状を、長倉先生に書いてもらいました。本書の編集担当として手伝っていただきました。

大井　石井先生は、授業以外では学生とどんなコミュニケーションをとっていらっしゃったのでしょうか。

石井　そうですね。コンパやろうと言ったら、コンパって何ですかって言われました。かわいかったですね。駅の側の小さな食堂に集まって結構やっていました。

松尾　僕は男じゃないですか。どうしても授業外ではできないですね。

石井　うん、できないでしょうね。

松尾　共学だったら可能なんでしょうがね。

石井　それはありますね。個人指導となったら、さらに無理ですもんね。

大井　最終講義のときに、石井先生は最後に学生の一人一人と握手していましたよね。覚えていますか。

石井　うん、覚えています。私は、学生たちが学業を続けるにせよ、就職し社会に出ていくにせよ、未知の新しい世界へ旅立つのですから、送る言葉として必ずメッセージをそえました。それは、〝心に太陽を、唇に歌を〟です。これは昭和十年に刊行された「日本少国民文庫」の中の一冊に山本有三が紹介したツェーザル・フライシュレンの詩「心に太陽を持て」の一節です。苦しい事があっても、前向きに元気に生きていこう！！と言う意をこめました。

大井　学生が涙をふきながら握手をしていた、その光景がとても印象に残っています。当日、生活文化学科の先生が研究室が近いこともあって来てくださっていましたね。

石井　生活文化学科は入学試験の面接に先生方が二人一組で当たるのですが、面接をお手伝いしたんですよ。その縁で来てくださったのでしょうが、よくしていただきました。

2002（平成14）年3月　最終講義を終えて

大井　短大は先生方がとても仲がいいです。新任の先生の歓迎会なども一つにまとまってしていました。

松尾　僕のときもやっていただきました。今はもうなくなりましたけどね。

石井　渋谷キャンパスではできないでしょうね。もうエレベーターの上り下りだけで大変ですものね。孤立化すると駄目ですね。

松尾　そうですね。

石井　教員同士の横のつながりがないと交流もできない。

松尾　この階は大学の英文学科の先生ですけどね、挨拶はしますけど、お話しする機会はほとんどないですね。

大井　図書館学課程は人数が少ないせいでしょうか。

松尾　そうですね。

大井　大学生と短大生では印象が違うと思いますが、どうでしょうか。

石井　学生全体がわりに素直ですよね。言われればよく勉強もしますよ。特に図書館学をとる学生は、たくさんのレポートを書かざるをえないのを覚悟していたでしょうからね。

松尾　今の学生は別の意味で大変です。

石井　そうでしょうね。途中からガラッと変わったと聞いていました。

松尾　学生の質も違ってきていますね。

石井　それはもう、愕然と落ちたときがありましたね。採点で分かります。私の任期最後の辺りでも下がってきたなと思いました。学生が減ったときがあり、定員が足りないとかで特別に入れたじゃない。私、びっくりしたのはね、太平洋戦争があったことも知らないんですよ。おそらく日本の現代史を高校で教えていない。

松尾　高校までは現代史はやりませんね。

石井　幕末辺りで止まっているのよね。びっくり仰天ですよ。自国の歴史を必修としない日本の教育はどうなっているのか。戦争があったことを知らないというのは、日本の教育がおかしい。親は何も語らなかったのだろうかと思うわけね。親たちはたっぷりと体験してきたのにね。

大井　現代史は、授業の最後のわずかな時間でしかできないと聞いたことがあります。

松尾　そうですね。

石井　そうなの。だから幕末のあたりで止まっちゃうわけね。時間がないからね。

大井　太平洋戦争、ポツダム宣言、戦後の日本はどういう混乱の中にあったかということは、私が高校生の時もほとんど語られなかったですよ。

松尾　そうですね。僕らも現代史や近代史を知るには本を読むしかありませんでした。

石井　そうですか。

大井　明治時代を調べていると、あの当時、国というものが存在したという感覚が伝わってきます。国家がある。ところが今、私たちの意識の中に国家が果たしてあるのだろうか。オリンピックで日の丸が上がりますが、日常生活の中で国家を意識しているかというと、希薄ですね。以前、石井先生に「日本は戦争に負けたから、目には見えない、隠された植民地なんですね」とお話したら、頷かれて私も納得したことがあります。

石井　ちょっと話は外れるけど、この状態では日本という枠はなくなってしまいますね。

松尾　話を戻しましょう。企業から大学にいらっしゃって第一印象はどうでしたか。

石井　大学がどういう所かは予想していたんですけれども、予想を上回る、すごい世界というか、全く遅れた世界でしたね。こんな遅れた世界があるのかとびっくりしました。せっかく教授会でいろいろ決めて、学長が退席なさろうとすると、ツカツカと前に出て来る教授がいて、そこから延々と議論の蒸し返しをやるんですよ。夜遅くまで会議をするわけですね。非常識にも程があると思いました。

それから、びっくりしたのは、就職のために企業の方々を大学にお呼びするのですが、そのときに、学生には敬語の使い方を教えているような先生が大学の内々の人に向かって敬語を使うんですよ。学生の就職をお願いするためにお呼びした企業の方々が主役なわけですよ。敬語を使いもてなす先が違う。何故、社会一般の常識が通用しないのかと思いました。非常に印象に残っています。

松尾　そうですね。

石井　もう一つあったのは、学生の就職支援という役割があるわけですよ。短大のある先生が自分は勤めたことがないから支援できないとおっしゃられたのね。私はね驚いて、「何ですか、秋口になって肩を落としている学生がいたら、どうしたのと一言声掛けしてあげることができないんですか」と言いましたよ。人間として、どうするかという問題なわけでしょう。

松尾　なるほどね。

石井　人生の最後で、実践短大で教育に携わることができて本当によかったと思います。日外を終わった後は、私のことだから、きっとコミュニティー・ネットワークみたいなことに首を突っ込んでいたと思うんですね。

私の住んでいる町の駅前に、ハンディキャップの方たちの手作り製品の頒布と集会場所のあるサロンを市につくるよう働きかけました。ちょうど東横線が地下に潜る前の時代から一〇年越しで、跡地利用のプロジェクトに参画していました。住民同士の交流もできる場所がやっと実現したんです。そこで歴史講座等を実施していますが、実践の生涯学習センターにかかわっていた経験が生きています。人を育てることは大変な仕事ですね。だから、教育は全力投球をしても余りが来るぐらいの仕事だと思っています。これがなかったら、つまらない人生だったと思います。そういう意味で、実践にはお世話になったというか、最後の締めくくりになった。いろんな方々との出会いがあり、女道行《みちゆき》の会と名付けた課長職の方たちとグループも作りました。本当によかったと思います。松尾先生も教育の現場でもそうですが、また市民社会のこういう所でも人をお育てになるというのはいかがですか。

松尾　それは大切なことだと思いますね。でも、まさか僕は自分が大学で教える立場になるとは思ってもなかったですからね。六〇歳で定年になったら、好きなマラソンと、畑でジャガイモでも作ってと思っていました。悠々自適を夢想していたのに、たまたま縁があってこういう世界に入っちゃいました。

石井　会社に勤めている人で、大学の教師になりたいという方がすごく多いんでしょう。

松尾　そうらしいですね。

石井　一時期、どうやって売り込んだらいいのか、そういうのが流行ったでしょう。

松尾　『大学教授になる方法』という本があって、鷲田小彌太さんという札幌大学の先生が書いたものがよく読まれたみたいですね。

大井　企業で海外経験豊富な方が日本に戻ってきたときに、大学で英語を教えたりできないかという話を聞いたことがありました。

石井　いろいろありましたけどもね、ほんとうに素晴らしいお仕事でしたし、自分もよく全力投球したなと思います。エネルギーがあったんですね。

大井　今もすごくエネルギッシュですよ。

石井　なんかね廊下も走っていたような気がします。

大井　夕方の研究室で、一口甘いものを食べられてエネルギーを充填して、レポートを読んでおられました。遅い時間に研究室をのぞくと「今ね、学生のレポート見ているの。この学生よくできるのよ。よくできたところには、ハナマル付けてさらにgoodと書くのよ」とおっしゃって、ハナマルキを見せていただいたことがあります。私は、石井先生から学生との接し方や、コミュニケーションのとり方を学ばせていただいたと思っています。

就職支援

大井　就職指導ということで、就職課と協力してガイダンスをしてくださいました。そのことをお話いただけますか。

石井　図書館学を実際に役立てたいという学生に、その機会を与えたい。そのためにどういうルートがあるか、そういうオリエンテーションをやろう。当時、就職担当の玉置美佐子さんに依頼して協力していただきました。短大の小講堂に全員を集めて、大学生も聞きに来ました。国会図書館を受けるには何をするか、専門図書館は、大学図書館は、公共図書館はこうだといった説明をやりました。それ以外にも、日外アソシエーツからも取締役に来ていただいて、大学で会社説明会をやりました。

それから、これは大学のことではありませんが、日外アソシエーツの時男性上司によるいじめで、私の部下になった女子社員の世話をしました。いじめの話が出ると社長は私の所へよこすのよね。あなたは日外は合わないから思い切って転職しなさいと、ブック・データベースの構築経験があったので、日販グループの書誌情報ニッパンマークを作っている会社に頼みました。データベースの構造を知っているので、実質的にリーダー格となりました。それが縁で、その会社には大学出も含めて三、四人入りましたね。その中には子どもを育てながら今も働いている人もいます。

大井　ああ、そうでしたか。

石井　日販は成功しましたね。紀伊國屋書店は入りにくかったですね。日野の図書館にも入ったわね。

松尾　中島美奈子さん。

大井　中島さんもそうですし、その前もいました。

松尾　その前にもいましたか。

石井　なかなか門戸が狭くてね、採らないですものね。今は全く駄目でしょう。

松尾　今は、正規はほとんど駄目です。入って嘱託職員ですね。

石井　そう、嘱託。

松尾　あとは委託会社ですよね。ＴＲＣへ行った学生もいましたね。

大井　公務員試験を受けて、図書館に配属になったというケースがあります。

松尾　その方法もありますけどね、まず公務員試験が受からないですね。

石井　そう、受からない。それが大変なのよね。説明会を開くほかに、個別に相談に乗るという形でアシストしましたね。実際いくらか実を結んだというところですけどね。今の状況ではその後続がないですものね。

松尾　私も、この就職支援のガイダンスは石川先生から引き継いでずっとしています。

石井　石川先生がやっていらしたのね。

松尾　日野にあったときは、毎年五月の連休明けに大学生と短大生の希望者に集まってもらってやっていたんですよ。でも、渋谷へ来たら、ありません。

石井　できないわねえ。具体的にないですものね。

大井　自分の授業の中でやるしかないと思います。

松尾　私はやってきた歴史があるので、短大生には一コマ取って就職ガイダンスをやっています。

石井　今でもなさってらっしゃるのですか。一般の会社に入って図書館情報学で培った技能を発揮する道もあり得るけれどもね、就職は難しくなりましたね。

松尾　そうですね。

石井　専門図書館もね、一時期不況だったからポシャってしまいました。予算がないとかで駄目になりましたね。今はネットでもってかなり調べられるからね。

松尾　そうです。

石井　資料で裏づけるということはなかなか、ないと思います。ネット検索もそんなに難しくないから、普通の社員の方でもやれますものね。

松尾　調べることが平面的広がりをもつようになりましたね。

石井　よほど特殊なもの、例えば特許資料を調べるとか、きわめて専門的事項でない限りは需要はないですよね。難しいですねえ。

大井　私が学生のときは、廿日出逸暁先生が授業の中で国会図書館の採用などについて話してくださいました。また永田清一先生も司書の募集があるからとお世話くださいました。石井先生が、図書館学課程として就職のためのガイダンスをしてくださったことは、その頃の短大としては画期的なことだったと思います。

石井　大学で企業懇談会を開くという支援もあり、私たち教員も全員出ました。学生を売り込むために、銀行やエレベーターの運行会社とか、様々な会社から就職担当の方々が見えて名刺交換をやりました。今もやってらっしゃるのかな。

松尾　今もやっていますよ。私は短教センターで共通教育の科目の責任者をやっているので、去年出席しました。

石井　そうですか。

松尾　一〇〇社以上集まります。

石井　それぐらいは来ましたね。今どこでやっているのかしら。

松尾　渋谷のホテルです。

石井　そうですか。私の時は大学内でした。

大井　大半が都心の会社なので、近場のホテルを使うようになったと聞きました。

石井　いくらかは種をまいて、その方々が勤め続けているという状態ですけれど、後続が続かないんですよね。

大井　業務委託や派遣制度がずいぶん進んだでしょう。公共図書館の全面委託が話題になり、大学図書館も委託化を進めるようになりました。

石井　紀伊國屋書店や丸善なんかも委託派遣業務の部署があり、契約社員を図書館に派遣していますね。そういう状況ですから、ＪＬＡ（日本図書館協会）の図書館職員募集をネットで見ていましても、ほんとに正職員採用は数えるしかない。

松尾　ほんとにないですね。

石井　県立図書館とか新設図書館が若干名あるだけで、あとは嘱託や短期アルバイトですもの。
大井　短大図書館の場合、専任職員一名で全部の業務をしているという話を聞きます。
松尾　実践の短大は四大と一緒だからいいですけど、短大だけの所は職員は一人二人です。
大井　私が短大図書館にいた時に、日短協の研修で業務委託の現状について話をしたことがあります。参加者の方々と話しをしたのですが、職員は私が一人のため今日は閉館ですとおっしゃるのです。休館しないと研修に参加できない、事務の人に依頼して出席したとか、参加したいけれど一人だから無理というのが多かったです。日短協の会合に行くと人が少ないと思いました。
松尾　今はなくなってしまいましたが、日短協の図書館情報委員会で、二年に一回全国研修会をやっていたんですよね。私も関わって三回ほどやりましたけど、集まらなくなってきたんですよ。一〇〇人を割って六〇人ぐらいしか集まらないから、日短協の上層部もこれでは続けられないというのでなくなりました。
石井　なんか寂しい話ですね。
大井　大学図書館も専任職員が少なくなったため、私大図書館協議会の研修に職員を出さなくなりました。日本の図書館員は、ほんとうにプロフェッショナルといえるのだろうかと思います。今は専任職員が少なくなり、委託や派遣で図書館業務の大半をささえているという状況ではないでしょうか。そうなると、図書館としての質の向上と維持、利用者から期待される図書館としての内容を継続していけるかどうか、将来的に不安があります。

松尾　公共図書館もそうですよね。

大井　フランスも司書の数が減っていると、パリ在住の先輩に聞いたことがあります。

石井　そうかもしれないわね。博物館との境が、わりにはっきりしているでしょう。だから、学芸員の資格のほうが有用なのかもしれないわね。

松尾　そうですね。

大井　でも学芸員はすごく厳しいところがありますね。大学院卒業後も論文を書くことが要求される。

松尾　学芸員の場合、いわゆる研究という部分が大きいからね。

大井　図書館と同じで、求人数はあっても雇用されるのは一人か二人です。

松尾　そうでしょうね。

生涯学習センターとの関わり

石井　在職中から生涯学習センターにも関わりました。勧めてくれたのは森岡弘道先生です。たまたま先生とお話していたら、私が大学を出てから研究会で知った友人と森岡先生が懇意だったのですね。世の中狭いわねと返すと、ぜひ手伝ってくれとおっしゃられて関わるようになりました。忙しかったけれど面白かったですよ。

松尾　そうですよね。

石井　退職後も加藤裕一センター長からもっとやってほしいと言われましたが、姉が末期癌で、そのうえ、私は脊柱管狭窄症を抱えていたのでお断りしましたが、七三歳位までやっていました。

大井　長かったですよね。

石井　知を刺激され興味いっぱいだったので、あそこまで続いたんですよ。講座の企画と実施、それが専門員の役割でした。企画を作り、講座内容、対象、講師の選定、依頼、ＰＲなどすべて担当します。私はその地域のことこそ他の学習センターではできないテーマと思い、日野市に視点をおきました。

その中で一番面白かったのはね、ＮＨＫで新撰組の連続ドラマが始まるのに合わせて、日野市と組んで新撰組地元ガイドの養成講座を実施した時でした。養成予定人数五〇名に、九九名が応募しました。その全員を対象に一〇日間、二〇回の養成講座を開催しました。八七名の方が講座を修了し、ガイド・ボランティアとしては八五名の方が登録され、立派にガイドとして活躍されました。私もおかげで日野市の幕末について詳しくなりましたよ。土方歳三の居宅をはじめ、日野の名所を訪ねました。

大井　二〇〇三（平成十五）年のことですね。

石井　ガイド養成講座となれば市役所と組まなければならないので、担当者に会いに行っていくら予算が出るのかと聞きましたら、大学の先生でお金のことを最初に言ったのはあなたが初めてですとか言われちゃった。

大井　ガイド・ボランティアの養成事業は、行政と大学が連携して実施する新しい試みでした。今は「日野新撰組ガイドの会」として、市内三ヶ所の観光案内所、日野宿本陣などでガイドの方が案内をしています。

石井　ＮＨＫの放送もあってか、訪れる人も多かったですよ。私もリュック背負って一緒に歩いたりしました。日野については詳しくなりましたが。でも自分の地元については全然でした。だから、大学を止めて地元に戻ってからは、横浜大空襲から始まる歴史講座をやったんですが、日野市での経験が生きましたね。

松尾　なるほど。

大井　特別講演の講師に磯貝勝太郎さんをお呼びして、司馬遼太郎についてお話していただいたこともありました。

石井　そう。幕末史や新選組に関して、作家の方々をお呼びして、講座を関連付けたわけです。生涯学習センターの二〇〇三（平成十五）年前期には、「多摩ふるさと学・新選組」という企画で「多摩の幕末史を学ぶ」という九回連続の講座を開設しました。その他に「特別企画〝新選組はどう描かれたか〟」というテーマで、「文学の中の新選組」「映像の中の新選組」「日野と新選組」という三本の講座を開設しました。養成講座以外に、広く教養的なものも入れて結び付けていったんですよ。非常に面白かったし楽しかった。

大井　「ちばい」というおそば屋さんに初めて行った時に、写真が飾ってあって森岡先生と石井先生が写っていたんです。びっくりしました。日野の郷土史研究家、谷春雄さんのお家だったんですね。

松尾　そんな写真が飾ってあったのですか。

石井　あそこのお店、今もあるのかしら。谷さんは地元の生き字引と言われた古老の方です。気難しい人という噂もありましたが、その谷さんに会いに行って、頭を低くして教えを乞うたこともあり、ずいぶん気に入られました。亡くなるまで度々お訪ねするようになり、奥様からもお便りをいただきました。土方家や新撰組ゆかりの

後列左より森岡弘道、石井紀子
前列左より北村澄江、谷春雄、大久保昭男

方のお孫さんなども訪ねました。その経験と知識を基にカリキュラムを考え、講座を組み立てたのですが、生涯学習センターの会場、あそこの講堂がいっぱいになったわね。北村澄江さんは日野市ふるさと博物館（現郷土資料館）嘱託職員で市史編纂に関わった方です。大久保昭男さんは天然理心流保存会の方で、新選組ガイドボランティアをしてくださいました。

大井　谷さんの家には、そのうちお連れしないといけないですね。

女道行の会

大井　実践短大の事務職員の第一印象はどうでしたか。

石井　女子大なのに、特に女性の管理職が少ない。きちんと女性を活用していないという感じがありました。とにかく、少ないところでは女性は力を寄せ集めないとね。一人一人個別にやっていたら駄目だということがありましてね。短大では大井さんの他に、加藤千史さん、星暘子さん、それから就職支援の玉置美佐子さんの四人です。

女性管理職の会を作ろうと提案しました。その後「女道行の会」と命名しました。道行だから、四角四面の事務のことじゃなくて一緒に一泊旅行してね、料理や景色を楽しんだり、四方山話をしたりする会です。

大井　女性管理職の会をつくろうと私におっしゃられた。課長、課長補佐に声をかけたら、全員がやりたいと言ってパッと決まりました。

松尾　そんなに簡単にできたのですか。

石井　大学には女性管理職はいなかったでしょう。

大井　短大に星暘子さんが異動されて来て、メンバーが揃ったんです。最初は女性管理職の会でしたが、石井先生が名前をつけようとおっしゃって、女道行の会となりました。

松尾　なるほどね。

大井　図書館では先生方とお話することが多いです。文献や研究動向などを教えていただいて、選書やレファレンスの参考になりました。教員と事務は二輪の車といわれるけれど、庶務に異動した当初は図書館と違いすぎて、仕事もよくわからなくて困惑していました。石井先生から女性管理職の会を作ろうとお誘いをうけたときは嬉しかったですね。

石井　だけど、女子大なんだから、女性を登用し決定権限を与えないと駄目ですよね。学長秘書も女性の方がよかったと思います。

大井　一九八五（昭和六〇）年に大学が渋谷から日野に移転し、渋谷の大学図書館と日野教養部分室が統合されました。その時は、国会図書館から来られた今野千鶴子さんが部長でした。今野さんは実践の卒業生です。移転後の整備をすすめていた時に、今野部長からあなたは仕事できるから係長に推薦しますと言われ、翌年に係長になりました。永田清一先生は、大学の図書館学課程の教授になっていらっしゃっていて、私の昇格を知って、「自分が苦労したから、人のことは注意しなさい」とおっしゃってくれました。今思うと役職者の心得をお話くださったのだと思います。

石井　永田さんは何で亡くなったのですか。急死ですか。

大井　検査入院で病院に入院した日の夜に、くも膜下出血で亡くなったと聞きました。夏の暑い日に、山岸文庫の資料を広げて整理されていたことを思い出します。図書館長でいらっしゃった三谷栄一先生は、永田先生には図書館の中心的存在として、また図書館学課程の教員としても活躍してほしいとお考えでした。亡くなられたときは、本当に残念がっておられました。

参考文献

倉島敬治・長倉美恵子・石井紀子著「新図書館学課程の実践的研究（一）新旧課程の比較・研究計画」『実践女子大学文学部紀要』第四一集　一九九九・三　八九―一〇二頁

倉島敬治［ほか］著「新図書館学課程の実践的研究―課程教育のアカウンタビリティー」『実践女子大学文学部紀要』第四六集　二〇〇四・三　九九―一五一頁

『短期大学図書館学課程におけるカリキュラム変遷ならびに授業研究、授業評価について（新図書館学課程の実践的研究（二））』実践女子短期大学図書館学課程　二〇〇一・一〇

日野市総務部総務課編『平成十五年度（二〇〇三年度）日野市事業報告書』日野市　二〇〇四・八

＜資料１＞

▲ガイダンス

●講義の概要紹介

「図書館概論」 担当;石井 紀子

“図書館課程はこれから始まる――基本中の基本”

司書はどんな仕事をするのでしょうか。
――それを理解するには、まず「図書館」とは、どんな機能を持って社会に貢献しているかを知ることです。図書館と一言で言っても、国立国会図書館、公立図書館、学校図書館、大学図書館、専門図書館、と種類があります。しかし「資料を収集し、整理し、提供する」という基本的な機能は共通していますが、それぞれのサービス対象の違いにより、個性あるサービス活動を展開しています。また、3000年の歴史を持つ図書館も、20世紀における通信革命やコンピュータの技術革新、インターネットの普及などによる情報環境の激変により、21世紀には「電子図書館」にむかって大きく変貌を遂げようとしています。もっともホットな問題も含め高度情報社会における図書館の将来的な展望も考察します。テキストの他、基本用語や参考文献の紹介、また、新聞記事など新しい資料やビデオをとおして、いろいろ学んでいきましょう。

「図書館経営論」 担当;石井 紀子

“住民に信頼される、役立つ図書館サービスを展開するには”

あなたが図書館長だとしたら、どのようなサービスを企画し実施しますか。そのための予算の獲得、組織づくり、職員の採用・研修、快適な読書環境づくり、住民とのコミュニケーション、図書館間のネットワークづくりなど、マネージャーとして必要な仕事について考察します。図書館はいま高齢化や少子化による利用者の変化と高度情報社会における生涯学習センター機能への期待の中で、従来のサービスに安住せず新しいサービスをめざし変革を迫られています。あなたにとってもっとも身近な地元の公立図書館を調査し「利用者から信頼される、役立つ図書館」にするため、館長としてどんな改善策をたてるかレポートをまとめてもらいます。

「図書館サービス論」　担当;石井　紀子

“あなたの知らない多様な図書館サービスについての新発見”

この授業では、老若男女、子供、学生から社会人まで、また視力障害や身体障害のある人々や在日外国人など、あらゆる住民をサービス対象とする公共図書館(サービスのデパート)をモデルとして取り上げます。閲覧、貸出、レファレンスサービス、ストーリーテリング、文化的行事など館内で行われるサービスのほか、来館できない利用者への本の宅配、自動車文庫、病院への貸出などの「出前サービス」やインターネットによる情報発信等、毎回新発見のある楽しい授業です。その上で、実際に地元の図書館調査を行い、サービス論をまとめてもらいます。

「情報サービス概説」　担当;石井　紀子

“利用者からの疑問、難問にピタリと答える情報の達人とは”

NHK日曜の晩のTV番組「日本人の質問」を見ていますか。約36万通の質問の中でトップは「洋服の左あわせ、右あわせ(男女別)」でした。こんな質問を含め図書館には、学生の宿題やビジネスマンからの専門的な質問、また主婦からの生活情報への問い合わせなど、森羅万象の質問が寄せられます。これにピタリと答える、資料を提供する仕事をレファレンスサービスといい、図書館員の人気の的です。今は、印刷物だけでなく、インターネットやオンラインで検索をし最新情報を提供したり、必要情報を前もって提供するなど積極的な情報サービスへと発展しています。知的好奇心とサービス精神が旺盛なら、この科目は楽勝でしょう。技(わざ)は、「レファレンスサービス演習」や「情報検索演習」でしっかり身につけましょう。

＜資料２＞

▲気軽にのぞいてみよう

●“電脳書斎”でマルチメディア体験を！！ ― 図書館学課程研究室より

☆☆百科事典、報道写真、人物事典などのCD-ROMや天声人語、タレント人名、旅行ガイドの面白い電子ブック、さらにインターネットでの新刊書や雑誌記事、人物情報などの最新情報検索まで、自由自在にマルチメディアに触ってみましょう。

★★また学内LANをとおして、大学図書館のサーバー上にある「J－BISC」「NDL雑誌記事索引」「大宅文庫雑誌記事索引」などのCD-ROMも検索できるので、宿題に困った時利用しましょう。

☆☆場所は、本館は（図書館のある建物）の3階316号です。

画面に出ているのはモーツアルト、曲は魔笛のアリアが流れている。

▲Q and A

●打上げコンパの巻ー　25名の“若葉マーク”

平成13年3月卒業の先輩25名がめでたく司書資格を取得しました。きびしい宿題、レポート、テストなどの試練の連続、まさに“花も嵐も踏み越えて～行くがわれらの生きる道”（古い!!）♪♪

●時は2001年2月9日（ハナ金）18:00～20:？
所は立川駅前・亜州大飯店
“食べ放題の打上げコンパ”を決行。
（実はインターネットで発見しました）

●喜びの面々と食欲・・・

<資料3>

◆情報サービス概説a　テキスト

1. 情報（information)とは何か

1. 1　定義

『大辞林　第2版』(三省堂　95年)
①事物・出来事などに関する知らせ、内容や様子
②information：ある特定の目的について、適切な判断を下したり、
行動意志決定をするために役立つ資料と知識。
③機械系や生体系に与えられる指令や信号。例えば、遺伝子情報など。

『図書館用語集　改訂版』（日本図書館協会　96年）
事実、思想、感情などが他者に伝達可能な形で表現されたもの。情報の発信者（送り手・情報源）と受信者（受け手）との間を媒介するものをメディア（媒体）といい、音声、文字、図形、電波などがこれにあたるが、時には書物、テレビ、ラジオ、電話、磁気テープなど具体的なものを指していうこともある。

**　情報と情報メディア
・情報：人と人の間で伝達されるメッセージ
・情報メディア：伝達するための方法、手段、道具、機器、システムなど。

1. 2　情報の種類

1）形態別
①非記録情報：会話、講演、放送等
②記録情報：印刷物、映像、録音等

2）シンボル別
①文字情報　②言語情報　③図形情報　④音声情報　⑤計数情報

3）分野別
①経済情報　②経営情報　③産業・貿易情報　④教育情報　⑤科学・技術情報　⑥医学情報……
⑦人物情報　⑧書誌情報（書籍、雑誌記事、新聞記事……）⑨地域情報
⑩生活情報……

4）構造的な捉え方（情報のピラミッド）

顕在的、論理的情報、言語系情報

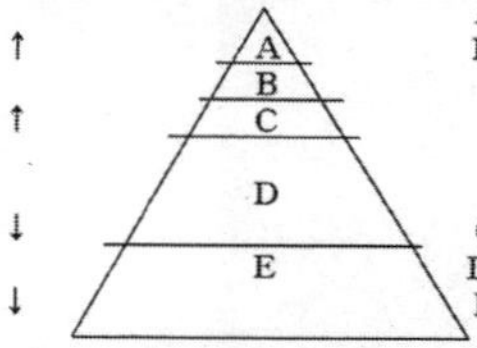

A．計量型情報　完全に数字で語れる情報
B．論理型情報
ア．記述型情報　文字によって論理的に論旨をすすめられた情報
イ．図形型情報　論理的な説明を、記述型でなく、図形型で行なったもの
C．会話型情報　話しことばで交換される情報
D．非言語系感覚情報　ことばにならない情報
E．非言語系潜在感覚情報　よりプリミティブな感覚情報、生理的な感覚に近い情報

潜在的、非論理的情報、非言語系情報

〔典拠〕『戦略発想時代の企画力』
高橋憲行著　実務教育出版　1984

1. 3　情報の特性

1）複製しても価値が変らない
2）情報の価値は利用者が決める

1. 4　図書館が扱う情報（メディア）と流通

①記録情報（知識情報）：印刷物、視聴覚資料、磁気テープ、CD-ROM、電子ブックなど。
②情報の発信者：マスコミ、情報産業
③情報の送り手（仲介者）：図書館（員）
④情報の受け手：利用者

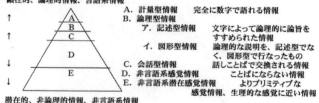

＜資料４＞

◆専門資料論b　テキスト

1. 専門資料とは何か

1. 1　定義と特性

特定分野のみを対象とした資料であり、特定領域の専門家向けに刊行された資料。

特定領域の範囲は、人文科学、社会科学、自然科学といった広い領域から、宗教学、経済学、化学、文学等の特定主題の学問領域の学術出版物、さらに、議会資料、官庁資料、法令資料、テクニカル・レポート、特許資料のような特殊な領域の資料を指す場合もある。

1）専門主題を持つ資料
2）研究調査のための学術的な資料

1. 2　図書館資料（蔵書）の中の位置づけ

1）図書館資料の一部である
2）専門分野（主題）＋　主として一般コレクションのあらゆる形態の資料を含む

・手書き（写本、日記、書簡等）
・印刷物（図書、新聞、雑誌等）
・マイクロフィルム　　　・視聴覚資料
・電子資料（CD−ROM、電子ブック等）
・オンライン・データベース、インターネット

1. 3　専門資料の生産サイクル

1）文献の創造：研究者などの著者
2）メディア制作：出版社、プロデューサー
3）流通：取次、書店、販売店、プロバイダー
4）収集・提供の仲介者：図書館、情報センター、代行検索
5）利用：研究者

2. 資料の種類と特性

2. 1　種　類（発生順）

1）一次資料（ primary　sources or materials)
①様々な情報のうち、独創的情報あるいは従来なかったような新しい情報を記録した資料
②会議録、学位論文、特許資料、研究調査報告書、学術雑誌、単行書、専門書

2）二次資料（ secondary sources or materials)
①一次資料の書誌事項（データ）あるいは一次資料に収載されている情報を加工ないし再編成した資料で、一次資料に迅速に効率的にアクセスするためのツール
②レファレンス・ブック（参考図書）、データベース

3）三次資料（tertiary sources or materials ）
①二次資料を再編成・再加工した資料で、二次資料を迅速に効率的に探索するためのツール
②書誌の書誌、参考図書のガイドブック、データベース・ディレクトリー

2. 2　一次資料とは何か

1）プレプリント（ preprint)
・会議やシンポジュムなどで発表される論文内容をまとめ、出席者に配布するためのもっとも速報的な資料。予稿集。

＜資料5＞

百科事典を中心とした検索パターン

即答質問に類する質問に対して最も頻繁に利用されるレファレンス・ブックは百科事典である。これによって事物・事象に関する質問に限らず、多種多様な情報を求めることが出来る。但し、百科事典だけでは不十分な情報しか得られないために、しばしば他のレファレンス・ブックによって補完する必要が生じる。下の図は百科事典を中心につけ、それを補完する主要なレファレンス・ブックを配し、鳥瞰出来るようにしたものである。

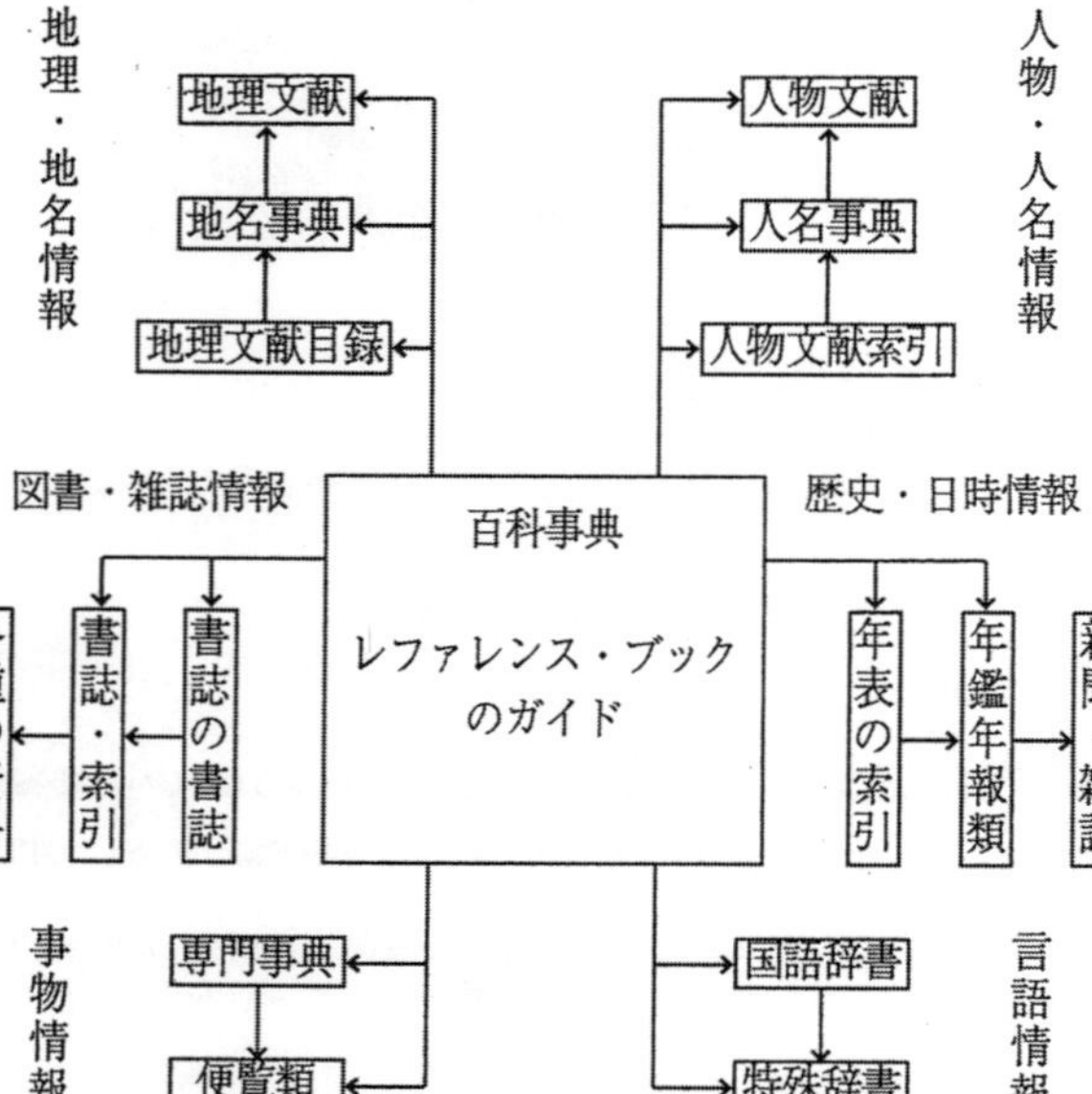

典拠：『問題解決のためのレファレンス・サービス』
長沢　雅男著　日本図書館協会　'91年

＜資料6＞

情報源とその種類

- 情報源
  - 館内情報源
    - 記　録
      - レファレンス･ツール—レファレンス･コレクション
      - 一般の図書資料——一般図書コレクション
      - 新聞・雑誌類—定期刊行物コレクション
      - パンフレットその他—インフォーメーション･ファイル
      - 自館製ツール
    - 非記録
      - レファレンス職員
      - 直接サービス担当職員
      - 間接サービス担当職員（収集・整理等）
      - 館長その他管理職
      - その他の職員
  - 館外情報源
    - 記　録
      - 他の図書館所蔵資料
      - 類縁機関・施設等の所蔵資料
      - 団体・企業等の所蔵資料
      - 個人収集家等の所有資料
      - データベース・サービスシステム
    - 非記録
      - 他の図書館関係者
      - 類縁機関・施設等の関係者
      - 各種機関の相談・案内窓口
      - 主題専門家（研究者、調査員）
      - 情報サービス機関・業者

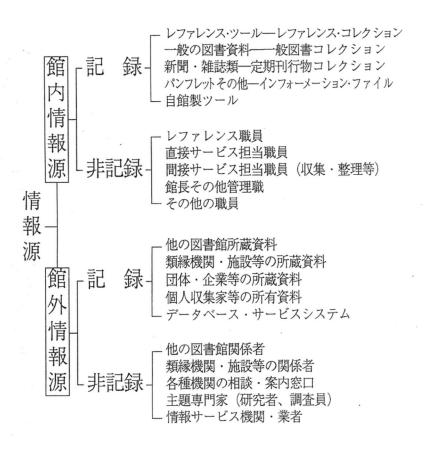

第四章　かえりみて

―時代と共に生きて、自立の道を切り開く

聞き手　松尾昇治・大井三代子

十五年戦争から戦後へ

大井　先生は結婚して子どもを育てながら仕事をなさってこられたわけですが、働く女性にとって家庭との両立は永遠の課題なのでしょうか。

石井　そうですね。今でもね苦労してらっしゃる方多いものね。子どもが保育園に入れなくてね。

大井　石井先生が働き続けてこられた理由は何でしょう。ご自分が仕事に興味があり、意欲はもちろんあったと思うのですけれど。

石井　うーん、何だろう。家のことより仕事をやりたかったのね。そっちの方がよかったのよ。だから、うちの母がね、仕事をやるんだったら結婚しないほうがいいよと言ったのよね。本当にそうだなと思ったのだけど、遅かりし由良之助ね。私の世代では、就職して一生働くなんていうことは考えられなかったですよ。今のように社会環境も整備されていないからね。

松尾　そうですね。

石井　私の年代はみんなお嫁に行き、家庭に入るというのが常識でした。銀行で何年か働いても、お嫁に行くと退社しました。当時、高等女学校を出て働き続けているのはほんとに何人かしかいなかったですよ。

松尾　大学出て一、二年仕事をして、結婚すれば家庭に入るという時代でしたね。

大井　当時は当たり前だったんですよね。私も結婚したときに、義母に仕事を辞めるよう言われました。

石井　私たちの世代は戦争体験を引きずっているからなのよね。で、他の方たちは、大変素晴らしい、経済的にも余裕のある旦那さんをつかまえたのでしょうけど、私はそういうタイプではなかった。専門的な知識や技能を身につけて、自立して生きていくことができなければ絶対駄目だと、戦中戦後の混乱した状況のときに刷りこまれた。戦争に敗れ、軍国主義から米国占領下の民主主義への変換があり、貨幣価値は変わるし、今まであぐらをかいていた階級がことごとく転落するわけでしょう。そうすると、何かを身につけることしかないというのが身に染みました。

大井　自分が身につけたものが、自分自身も自分の生活も守るということかしら。

石井　そう、情報というものに興味を持ったのはね。あれにはびっくりしました。私は杉並区の西田町という所に住んでいました。荻窪から歩くと近衛文麿のお屋敷の荻外荘《てきがいそう》があってね。一面田んぼが広がっていました。その田んぼを横切って、ほんとに大きな農家、かなり土地持ちの農家が点々と建っているような所に住宅地がちょっと開けていたんですね。井の頭線の高井戸からも歩いて三〇分、荻窪からも三〇分位の所なんです。家から五分位の所に西田町小学校が新設され、私は杉並第二小学校から五年生の時に転校した。そこは戦争末期に兵舎になりました。疎開先の米沢から戻ってみたら、その小学校と学校の前にある二軒の農家だけが焼けて無かった。これは何だ、と思いました。ここに兵舎があるという的確な情報がなければ、特定のポイントに爆弾を落とすことは出来ません。下町は無差別爆撃で焼け野原になりましたが、それとは違って、これには衝撃を受けましたね。本当は全部焼けて然るべきよね。あたり一面にボンボンボンボン落とせばいいんですからね。でもそこだけしか焼けていないのよ。荻外荘からその小学校までに一軒位焼けていたかしら、それは間違って落としたんでしょうね。これは何だ。位置情報が完全に掌握されていたという驚きです。情報に興味を持ったというのはここからです。この情景が今でも目に焼き付いていますね。田園風景の中に、その二軒の農家と小学校の校舎だけが焼けて無いというのが。春はヒバリが上空でさえずるような麦畑の広がったのどかな所ですよ。

松尾　東京もそうでしたね。ちょっと驚異的でしたね。

石井　そうです。

松尾　残すべきところはちゃんと残している。

石井　そうですよ。例えば横浜ではマッカーサーが最初に泊まったニューグランドホテル、あの辺は焼けていませんね。大黒埠頭という上陸する地点も焼けていないですよ。

大井　ものすごい体験ですね。

石井　そうなんですよ。松尾先生も教科書や本でお読みになったと言ってらっしゃいましたね。

松尾　僕らは戦後の世代ですからね。子どもの頃は、テレビが家庭に入ってきて、戦争に関わる映画とか番組があって、「人間の條件」をやっていたのをよく見ました。そういう映像を通してもピーンとくるものがありました。もっと知りたいと思って五味川純平の小説を読んだり、昭和史の本を紐解きました。

石井　そうですね。私たち昭和一ケタ世代というのは、他の世代が味わえない戦中戦後の歴史の変動を生きてきました。

松尾　そうですね。

石井　生まれたときに日中戦争が始まっていて、続いて大東亜戦争です。一九四一（昭和十六）年に、はやばやと京大に進んだ兄が戦死しました。戦争に疑念をもつ年齢でもなく、決められたことを真面目にやるという、その思いだけで生きることに雑念なんかが入り込む余地はなかったです。そして敗戦、食うや食わずのひもじい思いをして、それから今度はね、血のメーデーや六〇年安保、高度経済成長からバブルがはじけるなどの歴史の流れの中に生きてきました。

松尾　石井先生の世代は昭和史そのものでしたね。

石井　バブルがはじけた時代も経験して、歴史のうねりの中を生きてきたという感じです。一九四九（昭和二四）年の三鷹事件なんかも目撃しました。当時武蔵高女（現武蔵高校）に通っていたのですが、武蔵境の駅から転覆している電車を横目に見て歩いて帰った。

松尾　三鷹事件は、もう名前聞いても知っている方は少ないでしょうね。

石井　同じクラスの、亀井さんという方のお父さんが殉職された。

松尾　そうだったのですか。

石井　さらに太宰治の入水自殺も学校の近くでした。

松尾　玉川上水でね。

石井　一九五二（昭和二七）年の、血のメーデーのときもすごかったですよ。私は歴研（早稲田大学歴史学研究会）に属していました。私は行けなかったのですが、友人が参加しましてね。駅という駅には私服警官が立っていて、捕まえられてしまったんです。そのために彼は卒業が一年遅れましたものね。それからレッドパージに反対した早大事件というのも大変だった。ちょうど朝鮮戦争が始まったときです。また戦争かと愕然とした覚えがあるんです。そのときに、米国から反共産主義者のウォルター・C・イールズという人がやって来て、全国の大学の赤を一掃すべく日本中を回っていた。これへの反対闘争です。ずいぶん追放されたんですよ。

松尾　民間企業でもそうだし、公務員もそうでしたね。

石井　そうなんですよ。それで二部の学生たちが中心に座り込んでいると、警官がこん棒でもってめった打ちにしたんですよ。翌日は小雨が降っていて、学校に行ったら血が溜まっていました。ほんとにいろんなことがあったわね。メーデーの時の行進で、ＧＨＱの前に来るとわざとジグザグデモするのね。そうするとＭＰが銃を構えるのよ。発砲されても仕方がないという状況、その中を進むのです。六〇年安保のときは、フランスデモといって道一杯手をつないで行進、国会を取り巻いたのだけど、国会内に乱入した学生たちの中で樺美智子さんが殺されました。

松尾　七〇年のときは、私も手をつなぎながら道路いっぱいに広がってデモ行進しました。

石井　七〇年は闘争でしたね。

松尾　全共闘時代になってね、大変だったですねえ。

石井　そう。朝、日比谷図書館に出勤すると、敷石という敷石は剥がされて、学生たちがその石を投げていました。さらに催榴弾の匂いがあたりに立ち込めていました。そういう時代。だから、私はね、長いこと日比谷図書館の屋上に戦車が出動するという夢を見た。ほんとなら私たちの世代が戦争体験について一番語らなきゃならないですよね。

「日本目録規則」作成に関わって

松尾　短大で先生をやっていたときには、外部との関係はどんな風でしたか。例えば先ほど出ていた日短協の図書館情報委員会とか、関わりをお持ちになっていたんじゃないかと思うんですけれども。

石井　あまりないのよ。

松尾　ないんですか。
石井　そう。日図協の目録委員を長いことをやりましたからね。約三〇年位かしら。
松尾　目録委員会には委員としてずっと関わられましたか。NCRのはしがきを見ますと、お名前が出てきますよね。目録委員会が長かったんですよ。
石井　でも、目録規則が嫌いだったのね。この区切りを点にするかカンマにするかとか、そんなことばっかりやっていましたからね。
松尾　細かいですからね。日比谷図書館のときにはどうでしたか。
石井　うん。大変でした。
松尾　いわゆるユニット方式をお考えになったということをお聞きしました。
石井　都立中央図書館の新館開設に向かって、整理体系の抜本的改革をやりました。その中の一つです。ボディー（書誌的事項）だけ書くという発想は、それよりずっと前なんですよ。団体貸出をやっている公共図書館の人が五、六人集まって、もっと簡素な、団体貸出向きの書式を作れないものかと考えました。実は、あの方式はボディーだけ先に書いてしまい、頭に必要なキーワードを付ければいいではないかという実務からの発想です。
松尾　そうなってきたわけですよね。ユニットカードにね。
石井　あるときね、上野の旧国会図書館の側にあった、木造建ての日本図書館協会の二階に森耕一さんに呼ばれて、この方式は私を一八〇度転換させるほどの発想だと褒めるのね。それは合理的だとの評価になりました。そのことがすごい話題になり、独立記述方式の説明会で、椎葉さんたち主記入論者が著者名記入を主張するほどでした。複数印刷したくても駄目じゃないかとね。

松尾　そうですよね。

石井　印刷カードもそうなったでしょう、すべて実務から生まれました。実務の中から実務的に、便利な方法を考えようとした結果生まれたものです。だから、われわれ考えた人間はびっくり仰天しちゃいました。団体貸出のために考えようとしたメンバーは、合理的な人が揃っていたんですね。

大井　新版予備版が出たときは、私も目からうろこの思いでした。これは合理的と思いました。

石井　同一の情報がどの目録でも見ることができないのは利用者にとって不便ですよ。

松尾　そうですよね。

石井　いちいち著者主記入の目録へ戻らなければならないって、そんなばかな話はないですよね。情報は平等にどこからでもアクセスできないとね。

大井　実務から自然に生まれるとおっしゃるけれど、ひらめく人とひらめかない人がいますが。ひらめかない人はどうしたらいいのでしょう。

松尾　結局、仕事をしているときに、どう改善したらいいかと合理性を求めることではないでしょうか。逆に言うと、楽に処理できないか、そういう姿勢で仕事をしているとひらめくのではと思います。

石井　そうですね。

松尾　石井先生はそこがすごい。

石井　あの当時、コピー機といっても複製に向くようなものではなかったでしょう。だから、ワンライティングでやれるのが一番合理的よね。

松尾　そうですよね。

石井　そのうえ、収集からすべてに同じカードが使えればすごく合理的ではないでしょうか。

大井　すでに日比谷図書館のときにフローチャートを作っておられた。そういう経験がないとひらめかないと思うんですよ。

石井　あの頃、フローチャートを書いたのは島田若葉さん（慶應大学図書館学科の一年先輩）なのよ。中央図書館の建設へ七年がかりで尽力され、最後は課長職を務められました。その先輩がフローチャートを書いてくれた。フローチャートなんてどこの職場にもなかったと思います。

大井　私の場合、図書館にパソコンが導入されて、初めてフローチャートを書きました。

石井　でね、フローチャートといったらいつも思い出すのが、『逆引き中国語辞典』（一九九三）のことです。二人の先生がいらして、お一人は筑波大学の上野恵司先生、この方は学者タイプでした。もうお一人は若い相原茂先生です。ビジネスマンが使うような立派な鞄を開け、こんなふうにして作りますと出したのがフローチャートでした。そこには作業の輪郭を描かれた図があり、その流れにしたがってインデックス用の紙が貼ってありました。えっ!?という感じでした。当時日外だって、フローチャートは書いていません。眼を開かれる思いでした。

大井　仕事に合理性は必要ですね。私は大学図書館で仕事したときに、仕事の流れはシンプルなラインを描くのが一番いい。始まったら、戻るなんてことをしないようにしました。

石井　新館を建設するのに整理体系を全部見直しました。そのときに、池上図書館で活躍してらした森博さんを、初めて専門職の課長として迎え入れたわけです。ひよこみたいな私たちがオロオロするより専門の方が来てくれて、いろいろと決めてくれるのならどんなにいいかしらと、こっちは思いました。ところが、あっという間に癌で亡くなられたのね。それで私たちは、みなしごになってしまった。もうどうしようもない。こうなったら国会図書館、大阪府立図書館や、ベテランの方々に胸を借りにいくしかないと、みんなで手分けしてアイデアを聞きに行ったわけです。そのときに、私は今でも覚えているのだけれど、当時、中之島の館長をしてらっしゃる森耕一さんが、傘をさして雨の中迎えに来てくださったのです。それはすごく熱心に教えてくださり、励ましてもくださった。どういう分類が最適なのか、著者記号表はなくしてこうしたらいいよとか、手をとるように教えてくださいました。国会図書館では、宮坂逸郎さん始めそうそうたるメンバーが、これもまた惜しみなく教示してくださいました。そういう先輩方が手助けしてくださった。石山洋さんが盛り立てくださったおかげで、新しい図書館の整理体系を組み上げることができました。勉強になりましたね。徹底して考える必要がありましたからね。森博さんには目録とは何かを教えていただいた。著者目録は不要、基本目録は書名目録、閲覧者にはキーワード目録。そのとき初めて「キーワード」という言葉を聞きました。そのキーワードとは件名目録じゃないよと。タイトルへアクセスできる言葉を選んでいく重要性を教えていただいた。それが契機になって、ブックデータベースを構築する際にキーワードをつけることへ発展した。いろんな方々に知恵や方法を伝授していただきました。

そう言えば「朝日新聞索引」も面白かったな。事件名をキーワードにつけていました。

大井　ずっと刺激的な仕事をしてらっしゃったということですね。

石井　そうなんです。

大井　いつでもチャレンジする、新しいものに取り組む姿勢が石井先生にはあると思いました。

石井　保存していくとか、図書館の保守的な面には興味がなかったです。なにか混沌としている状態を形にしていくのに興味があった。

松尾　そうなんですね。

石井　それで、実は「思想の科学」という雑誌を利用して、私は論文ではなく、いつも書誌を作っていました。よく載せてくれましたね。

大井　「思想の科学」に、辞書に関する書誌を作っていらっしゃいますね。その経験から新しい辞書の発想というのがあったのではないですか。

石井　アンダーグランドの辞書・事典の解題づくりは、国会図書館のレファレンス室の書棚を０門からすべてチェックしました。宮武外骨の編集した辞書などは、この作業をしなかったら見い出せなかったかもしれない。また別冊で、オーラルヒストリー関係のテーマの時は聞書関係の文献を載せた。よく文句言わなかったと思います。

大井　書誌は検索のツールとして利用されますが、読む書誌というのもありますね。「思想の科学」に掲載された書誌は、読む書誌でもあったように思います。『日本女性人名辞典』も読む辞書ですね。どこを引いても、誰を見ても、生の人間に出会えるような感覚があります。

石井　そうですね、売れないものもありましたよ。『年刊　現代に生きる女性事典』は売れなかった。あれは年刊にしたからだろうと言われた。

両親のこと

大井　先生のお父さまは、松尾家を残さなくていいとおっしゃったそうですね。日本は家を守る、継承するという考えが根強くあって、今でもそういう考え方が多いと思います。それが当たり前の時代に、家を残さなくていいとおっしゃったのは珍しいと思います。

石井　父松尾元吉は明治十二年生まれ、大分出身。父の本当の姓は渡辺といい、渡辺綱《わたなべのつな》の流れと言われていました。九男坊だったのですが、他人の土地を通らずに渡辺家の敷地内を通って駅に行くことができたそうです。祖母は字が読めないけれども、機織りの模様などを緻密に覚えていて人に教えたそうです。その後、父は長崎の伊良林にある松尾神社という所に養子に行って、松尾姓を名乗ったのです。夏目漱石も教えた五高、済々黌《せいせいこう》（熊本県立済々黌高等学校）に通い、東京帝国大学の英法科出身です。当時、東京へ出るのに二日間を要したそうです。物事にこだわらず、非常に合理的な人でしたね。高校の授業は全部英語。ノートが残っていて、戦後ノートがない時に裏を使いました。

松尾　そうですか。

石井　うちの父は英法を出たのですが、あの頃はどちらかというと独法ですよね。そういう父だったから、新しいものにすごく興味のある人でした。

大井　リベラルな、先進的な考え方をなさる方だったのですね。

石井　母松尾満津（旧姓大塚）は明治二四年生まれ、熊本県出身。ご右筆《ゆうひつ》の娘で女学校出です。熊本という地は、『来日西洋人名事典』にも収録されているハンナ・リデルさんという女性の宣教師が来て日曜学校を開きました。母はそこへ通って英語を習っていたみたいですね。熊本は非常に先取というか、新しいことをくみ取る、そういう土地柄なんですね、気風がね。そこで習った「トゥインクル・トゥインクル・リトルスター」は、一〇〇歳で亡くなるまで口ずさんでいました。私の今までの人生を支えた母の教えは、一つは「明日ありと思う心の仇桜、夜半に嵐の吹かぬものかは」、つまり「今日のことは今日中にやりなさい」。もう一つは「五合の升《ます》に一升はもれない」、つまり「相手を良く見て他人に過分な期待をしない」ですが、私にとって特に仕事場での自戒となりました。父からは「働かざる者喰うべからず」「李下に冠をただすず」「子孫に美田を残さず」など厳しい教えでした。父についてはもっと早く自由になればよかったと私は思っています。検察官として、地方を回り、転任が多かった。姫路高校から京大に進学が決まっていた長男が早々と戦死、貴族院議員だった伯父が、ひとこと言えば学生なら兵役を逃れられたと言ってくれたのですが、そういうことはできないと父は長男を送り出しました。それが早々と戦死したのです。すごくショックだったらしくて、もう人を裁くことはできないと検事を辞めたのです。

松尾　そうだったんですか。

石井　それで横浜で公証人になったのですね。公証役場の宣伝をするのに「迅速　懇切　丁寧」と書いてあった。キャッチフレーズが面白い。家族とか家とか、そういう枠を越えていた人でした。

大井　石井先生の今までのお話を伺っていると、先生ご自身も物事にこだわらない男性的な思考の持ち主なのかなと思いますね。新しいものにすごく意欲があるでしょう。それはお父さまの影響かなとも思います。

石井　そうですね。父は趣味も馬術、テニス、弓、お謡いなど豊富な人でした。裁判所には馬に乗って通っていましたよ。
　父もそうでしたが、私も新しいものに興味はすごくありますね。新聞を読むにしては、常に新しい情報を探し、必要な記事は切り抜く。たとえば腕時計の型のウェアラブル端末をヨドバシカメラでさがしたりします。「新しいもの好き」でしょうかね。また形の見えないものから何か形のあるものを創り出す。まさに日外での出版物がそうでした。

松尾　なるほどね。

大井　混沌の中から有を導く、知の形を作り上げていくということですね。

石井　それが面白いのね。

松尾　そうした気質は、見せていただいた指導シートにも現れてるんじゃないですかね。

自立への道をめざして―前向きにアグレシブに―

石井紀子

一九三〇（昭和五）年から一九三三年頃生まれの人々は、満州事変、支那事変、大東亜戦争とうち続く軍国主義の時代の中で生まれ育ち、そして敗戦による旧制度の崩壊を体験、連合国による占領下の戦後民主主義の教育を受けるなど、歴史の大転換について語れる世代である。

言ってしまえば、女性にとって〝敗戦〟は自分の考えを自由に表現し生きることができる解放された時代の到来であった。

一九四五（昭和二〇）年三月一〇日の東京下町一帯の大空襲で、当時住んでいた杉並区西田町の自宅で燃えさかっている火の明るさを目にし、単身で見ず知らずの米沢へ疎開した。農村での勤労奉仕は暑い夏の盛りの麦畑の草取り、お蚕の桑の葉採り、田んぼ作業と、全て今まで体験したことのない生活に明け暮れ、〝お嬢様〟から脱して、庶民の生きる底力を身につけることができた。

戦後東京都立武蔵高等女学校から高等学校への切り替えにともない一九五〇（昭和二五）年三月に卒業し、早稲田大学文学部史学科（西洋史専攻）へと進学、同年六月に勃発した朝鮮戦争に「また戦争」と恐ろしい思いだった。それに伴いマッカーサーによる〝赤狩り＝レッドパージ〟の嵐が日本全国に吹き荒れた。〝レッドパージ反対〟で早大構内に座り込んでいた二部の学生達が警官に棍棒で滅多打ちにされる等、学生運動の始まりも体験した。一九四九年三鷹事件、同年松川事件、一九五四（昭和二九）年血のメーデー、一九六〇（昭和三五）年の安保反対闘争と様々な戦後の歴史的事件も目のあたりにした。

一九五四年三月に時事通信社出版局へ入社、翌年四月に司書としての教育を受けるため慶應義塾大学文学部図書館学科へ学士入学、一九五七（昭和三二）年九月新設の都立日比谷図書館に司書として採用され、さらに都立中央図書館（有栖川公園内）と十六年間奉職したのち「朝日新聞」のインデックスづくりから、レファレンスツールの専門出版社である日外アソシエーツに二〇年、引き続き常磐大学、実践女子短期大学等と四五年間働き続けてきた。

結婚後息子一人をもうけたが、育児は亡き母と姉が引き受けてくれたことにより働き続けることができた。これの土台となったことは、

・一般職としての事務職ではなく、司書という専門的資格を身につけたこと

・私の生き方の指針となった思想の科学研究会の転向研究グループへ参加し、ささやかでも自分の思想を曲げずに生きることについて考えたこと

であった。

公共図書館を職場として決めたのは、図書館が右派と左派だけではないのであらゆる資料を収集し、誰にも提供するという中立の立場、思想の自由を保つということが出来る場であったからだ。

本書は変貌する歴史の流れの中で、自分のめざす道を必死に生きた、ささやかな私の人生記録である。現代の若い方々とは全く違なる道ではあるが、一回しかない人生を前向きに生きていくヒントになれば幸いである。

本書を刊行するにあたり、実践女子大学・実践女子短期大学元学長の飯塚幸子先生に身にあまるお言葉をいただき厚くお礼を申し上げます。先生とは横浜線で通勤する際にご一緒するという願ってもない幸運に恵まれ、実践の教育についてご指導・ご助言を賜りました。

さらに、日外アソシエーツの社長大高利夫氏には、私が在職中に今までにないさまざまな新しいレファレンスツールの編集の機会を与えて下さり、一九八〇（昭和五五）年にはデータベースの構築に着手する等、常に情報についての最先端の技術や知識に挑戦する力をつけるチャンスを設けてくださいました。今日あるのはそのお陰と心より感謝申し上げます。

この企画は実践女子大学図書館学課程の小林卓先生の発案、企画で始まりました。小林先生が二〇一五（平成二七）年にご逝去され、このため出版を断念せざるを得ない状況でしたが、実践女子大学短期大学部図書館学課程の松尾昇治先生が引き継がれ、刊行に向けてご尽力くださいました。私が実践女子短期大学図書館学課程の担当として就任以来、畏友・大井三代子様には公私ともにご支援をいただきました。とくにこの三年間ご自分のご研究はさておき、聞書から原稿入稿・訂正などの編集実務を一人で引き受けて下さいました。大井様の献身的なご協力があってこそ、本書を世に出すことができました。改めて心より感謝申し上げます。

さらに日外アソシエーツ取締役営業局長の森本浩介氏には原稿の校閲、本書の出版を快諾して下さった日外アソシエーツ社長大高利夫氏の取り次ぎなどご尽力いただきました。また、私が二十年間出版の仕事をした古巣、日外アソシエーツより本書を刊行することができたことは、望外の喜びであります。そのほか多くの方々から様々なご支援ご協力を賜り、ようやく刊行となりました。ここに厚くお礼を申し上げる次第です。

あとがき

我々は、太平洋戦争を経験するなどの大きな歴史のうねりの中で、石井紀子という一人の女性が社会の中で自立して生きていこうとする姿を実感した。今回のインタビュー記録は、単なるライフヒストリーというだけではなく、戦後の公共図書館の中心的存在であった日比谷図書館の草創期の証言記録であり、書誌や新しい辞書の編纂をとおして図書館界や出版界に新しい情報の世界を示した記録でもある。

また石井のそれらの経験が、新たに教育の世界の取り組みの中で生かされたことはいうまでもない。実践女子短期大学図書館学課程の初代教授として、土台の確立、将来を見据えての研究室の整備は、短期大学図書館の歴史としての記録となるものである。石井は学生評価などをとおして学生の声を謙虚に聞きながら、いかに魅力ある授業をしていくか、そのための創意と工夫を常にしておられた。その根底にあるのは、愛情をもって学生に接しようとする姿勢であり、我々はそこに多くの学ぶべきことを見いだしている。また、未来ある若き人々、これから社会に出て行こうとする女性たちに、人として女性として生きることや自立して働くことの意義を考える一助になることを願うものである。

最後になるが、本書の刊行にあたり日外アソシエーツ社長の大高利夫氏にご理解をいただき、営業局の森本浩介氏には企画段階から校了まで多方面にわたりアドバイスや励ましを頂いた。そして、仕上げの段階からは、編集局の山下浩氏、木村月子さんのお力添えをいただき、本書を世に送ることができた。その他にも多くの方々のご協力を頂いたことに深く感謝申しあげたい。

編者代表　松　尾　昇　治

石井 紀子　略歴

1932年１月30日、父・松尾元吉、母・松尾満津の三女として和歌山県田辺に生まれる。東京都杉並区立西田小学校から都立武蔵高等女学校（現・都立武蔵高等学校）を経て1950年早稲田大学第一文学部史学科（西洋史専攻）へ入学。

1954年３月時事通信社出版局へ入社、1955年４月慶應義塾大学文学部図書館学科へ学士入学、1957年３月卒業、同年９月都立日比谷図書館に司書として採用され、16年にわたり奉職、自己都合により退職。

緒方事務所（朝日新聞インデックス作成）から1976年６月日外アソシエーツへ入社し20年間レファレンスツールづくり、データベース構築などに従事、編集部長や取締役営業本部長などを歴任し､1996年６月退社後に常磐大学非常勤講師、実践女子短期大学教授となり、図書館情報学を担当、2002年３月定年退職、以後実践女子大学生涯学習センターや地域の拠点づくり等に参加し現在に至る。

聞き手

松尾 昇治
実践女子大学短期大学部図書館学課程教授

大井 三代子
実践女子大学図書館学課程非常勤講師

森本 浩介
日外アソシエーツ取締役営業局長

石井紀子聞書 道を拓く
―図書館員、編集者から教育の世界へ

2017年10月25日　第1刷発行

編　　者／松尾昇治・大井三代子
発 行 者／大高利夫
発　　行／日外アソシエーツ株式会社
〒140-0013 東京都品川区南大井6-16-16 鈴中ビル大森アネックス
電話 (03)3763-5241（代表） FAX(03)3764-0845
URL http://www.nichigai.co.jp/

電算漢字処理／日外アソシエーツ株式会社
印刷・製本／株式会社平河工業社

ISBN978-4-8169-2688-4　Printed in Japan,2017